校外少先队阵地建设及活动案例

青少年群众活动设计参考

王军智 著

山东友谊出版社·济南

图书在版编目（CIP）数据

校外少先队阵地建设及活动案例：青少年群众活动设计参考 / 王军智著 . —济南：山东友谊出版社，2023.8
ISBN 978-7-5516-2791-7

Ⅰ . ①校… Ⅱ . ①王… Ⅲ . ①中国少年先锋队—少年先锋队活动—案例 Ⅳ . ① D432.51

中国国家版本馆 CIP 数据核字 (2023) 第 154273 号

校外少先队阵地建设及活动案例
青少年群众活动设计参考

XIAOWAI SHAOXIANDUI ZHENDI JIANSHE JI HUODONG ANLI
QING-SHAONIAN QUNZHONG HUODONG SHEJI CANKAO

责任编辑：滕　潇
装帧设计：刘洪强

主管单位：山东出版传媒股份有限公司
出 版 者：山东友谊出版社
　　　　　地址：济南市英雄山路 189 号　邮政编码：250002
　　　　　电话：出版管理部（0531）82098756
　　　　　　　　发行综合部（0531）82705187
　　　　　网址：www.sdyouyi.com.cn
　　　　　读者互动邮箱：sfpedu@126.com
发 行 者：山东新华书店集团有限公司
印 刷 者：山东新华印务有限公司

开本：787 mm×1 092 mm　1/16
印张：12.25　　　　　　字数：180 千字
版次：2023 年 8 月第 1 版　印次：2023 年 8 月第 1 次印刷
定价：49.80 元

前 言

校外少先队阵地是少年儿童接受少先队组织教育的重要空间，是少先队社会化工作的重要组成部分。在社区、青少年宫等校外场所建立少先队组织是顺应时代趋势的必然选择。作为全省首个成立少工委的地市级青少年宫，烟台市青少年宫坚持组织教育、实践教育和自主教育相统一，以充足的教育资源、创新的活动样态，为少年儿童带来了丰富多彩的学习体验。也是在参与策划、组织这些校外少先队活动的过程中，我萌生了撰写此书的想法。

本书共五章，第一章从理论层面探讨了校外少先队阵地建设的历史发展脉络、时代价值以及探索路径。第二至五章以烟台市青少年宫为例，根据《少先队活动课程指导纲要》，按照政治启蒙、组织认同、道德养成、全面发展四个板块，选取了十余个校外少先队活动案例，其中包括2022年全国优质少先队活动课《向海，向未来》，供大家一同研究、借鉴。

在打造校外少先队阵地的岁月中，我见证了许多难忘的瞬间。参与音乐党课的小乐手们，目光充满好奇，姿态昂扬自信，用活力奏响澎湃的旋律；现场书画展示时，小书画家们挥洒创意，阳光下勾勒出彩色的梦想；非遗大赛中，每一个青少年都是凝固记忆的传承人，将传统与创新融合，用才华书写着传统文化的未来……校外少先队活动给予广大少年儿童以知识武装和品德塑造，让他们懂得了团结合作、互助共赢的重要性，这让我深感欣慰。

整理和总结校外教育经验的同时，我不断反思、审视自己的实践。这使我更加了解校外少先队阵地的重要性和影响力，也让我愈加深刻地认识到校外教育工作者在青少年健康成长过程中的责任和使命。校外少先队阵地建设仍然存在许多机遇和挑战，尚需持续探索和创新。我不断梳理工作目标，更加坚定了为学生提供优质校外教育的决心。通过调研活动、查阅资料、学习交流等方式，我也在更新自己的知识储备和见解，以便更好为校外少先队阵地建设贡献自己的力量。

  我们不惧未来的困难和挑战，将把握机遇，不断拓展延伸，继续因地制宜地开展有特色、有实效的校外少先队活动，满足少年儿童的多样化需求，让更多孩子受益。我期待看到，校外少先队活动不局限于知识传授、能力提升，也注重培养少年儿童敏锐的灵感与真诚的表达，引导他们树立良好的世界观、人生观、价值观，使他们成为强国建设、民族复兴伟业的接班人和未来主力军。这些展望将一直激励我不断前行，为青少年的成长贡献力量。

  谨向所有读者表示诚挚的谢意，感谢您阅读此书！

王军智

2023 年 6 月于烟台

目 录

第一章　校外少先队阵地的建设与实施 …………………………001

少先队校外阵地建设的历史发展脉络 ……………………………003

少先队校外阵地建设的时代价值 ……………………………………007

少先队校外阵地建设的路径探索 ……………………………………010

第二章　童心向党：我们是共产主义接班人，继承革命先辈的光荣传统…013

活动案例一 "让党史学习更'声'动"——"追寻"主题音乐党课 …… 016

活动案例二 "绘百年　颂中华"——少年儿童书画传情系列美术活动 ……026

活动案例三 "礼赞二十大　童心永向党"——认真学习宣传贯彻党的二十大精神系列活动 ……………………………………………………………035

活动案例四 "学习百年党史　传承红色基因"——烟台市青少年儿童学习党史知识系列活动 ………………………………………………………044

第三章　队旗飘扬：爱祖国，爱人民，鲜艳的红领巾飘扬在前胸 …051

活动案例一 "向海，向未来"——校外少先队活动课程 ……………054

活动案例二 "童声传薪火"——校外少先队红色主题队课 …………067

  活动案例三 "少先队员心手相牵 红色基因代代相传"——"流动少年宫日"走进乡村小学 …………………………………………………… 076

  活动案例四 "红领巾爱学习"——校外少先队的开学第一堂队课 ………… 085

第四章 春风化雨：不怕困难，不怕敌人，顽强学习，坚决斗争 … 093

  活动案例一 "牵手同行 点亮希望"——"红领巾共建希望小屋"爱心义卖 096

  活动案例二 "童心协力 共战疫情"——少年儿童抗疫在行动系列活动 …… 105

  活动案例三 "敬榜样 学先锋 传家风"——青少年学习先进模范主题教育活动 ……………………………………………………………………… 118

  活动案例四 "传承新生代 非遗颂中华"——烟台市首届青少年非遗大赛暨非遗作品展 …………………………………………………………………… 127

第五章 梦想起航：向着胜利勇敢前进，我们是共产主义接班人 … 139

  活动案例一 "科技主导生活 创新改变世界"——首届青少年科技文化节 … 142

  活动案例二 "'棋'聚一堂增智慧"——少年儿童益智竞技棋类比赛系列活动 149

  活动案例三 "鉴史之美 传承经典"——中国美术史鉴赏绘画活动 ……… 155

  活动案例四 "童心 同乐 同成长"——烟台市第七届青少年音乐艺术节 … 164

  活动案例五 "遇见未来的自己"——校外少先队一日职业体验系列活动 … 175

参考文献 ……………………………………………………………… 187

第一章

校外少先队阵地的建设与实施

中国少年先锋队（以下简称"少先队"）是中国少年儿童的群团组织，是少年儿童学习中国特色社会主义和共产主义的学校，是建设社会主义和共产主义的预备队。少先队在开展实践活动时需要注重少先队员的校内活动，同时也需要依托社区、青少年宫等，向校外拓展和延伸，参与更广阔的社区和社会生活。而少先队校外阵地建设是指在当地利用校外资源开展常态化的少先队活动，形成固定的教育场所，这些场所包括青少年宫、青少年活动中心、博物馆、图书馆以及爱国主义教育基地等。

少先队校外阵地建设的历史发展脉络

观今宜鉴古，无古不成今。历史是最好的老师，为未来的发展提供启迪。中华人民共和国成立以来，我国少先队校外阵地建设从无到有，发展到目前形成了成熟的规模、建制，在为少先队员做好服务方面起到了重要作用。本章节笔者将以少先队校外阵地建设的重要时间节点为纲，梳理历史发展脉络，从而为接下来总结少先队校外阵地建设与发展经验打好基础。

新中国成立初期

1949 年

大连儿童文化馆的成立是新中国校外教育的开端，之后各地的少年宫、少年之家等少年儿童校外教育机构陆续建立起来。但由于新中国成立初期物质条件匮乏，这些少年儿童校外教育机构在数量和质量上都难以满足少年儿童的校外活动需求。

1957 年

教育部联合共青团中央下发《关于少年宫和少年之家工作的几项规定》（以下简称《规定》），这是我国校外教育史上的第一个规范性文件，标志着校外教育已被纳入整个教育体系的范畴。

《规定》对当时少年宫等校外教育机构在促进少年儿童全面发展方面发挥的作用给予了充分肯定，认为"这些校外教育机构对配合学校培养教育少年儿童成为全面发展的社会主义新人起了很大的作用"，并指出少年宫等校外教育机构的基本任务是"配合学校对少年儿童进行共产主义教育，培养他们具有优良的道德品质；帮助他们巩固和扩大课堂知识，丰富他们的文化生活；发展他们多方面的兴趣和才能，锻炼他们的技能和熟练技巧"。

《规定》明确"少年宫和少年之家要帮助学校的课外活动和少先队的活动，向教师和辅导员介绍课外活动的经验、内容和方法，培养训练少先队活动的积极分子"，特别是要"设立图书馆（或阅览室）、展览室、画廊……辅导员资料室、大厅等"，"为少先队辅导员举办科学技术、艺术等各种知识和工作方法的讲座，组织辅导员的经验交流会、讨论会、观摩队会和实习训练。向学校推荐新的文娱活动的资料，训练少先队的大中小队长、墙报编辑、大队文娱委员和鼓号手等"。

这标志着少年宫等校外教育机构开始成为少先队及其开展活动的重要场所。

∴ 20 世纪 80 年代

∈ 1987 年

《国家教育委员会、共青团中央关于加强少年宫工作的意见》（以下简称《意见》）及附件《少年宫（家）工作条例（草案）》（以下简称《条例》）下发。

《意见》再次强调少年宫"是培养教育少年儿童不可缺少的校外活动场所，是社会主义精神文明的建设的重要阵地"。

《意见》还首次提出了少年宫等校外教育工作"要面向广大少年儿童，

面向学校，面向少先队"的"三个面向"的具体要求。

此外，《条例》强调校外教育机构要"为学校课外活动、少先队活动创造有利条件，帮助培训活动骨干，提供活动资料和工作经验"并"配合少先队的重大教育活动和日常工作，为少先队辅导员举办讲座，培训少先队积极分子，传播开展活动的方式方法，开展少先队的示范性活动，为少先队提供信息和资料"。可以说，少年宫等机构的少先队校外阵地"正式身份"在这一政策文件中得到了确认。

∵ 20世纪90年代后

20世纪90年代后，少年儿童活动中心、少年科技馆、妇女儿童活动中心等以少年儿童为主要服务对象的青少年校外活动场所不断涌现，少年宫不再是唯一的校外教育机构，因此，各类相关政策文件的关键词表述开始改用"校外教育"，以便更全面地涵盖各类校外活动场所。

∈ 1991年

国家教育委员会、共青团中央等七个部门联合下发《关于改进和加强少年儿童校外教育工作的意见》，强调少年儿童校外教育要"全面贯彻党的教育方针，不仅要通过各种活动给少年儿童以科学技术、文学艺术、体育等方面的各种知识，培养各方面的技能技巧和才干，而且还要十分重视对少年儿童加强以爱祖国、爱人民、爱劳动、爱科学、爱社会主义为基本内容的思想品德教育"。

∈ 1995年

国家教育委员会、文化部、共青团中央等单位共同研究，对《少年宫工作条例》（试行）进行修订，并改名为《少年儿童校外教育机构工作规程》，明确了校外教育机构的工作原则、活动内容及形式等，进一步规范了校外教育的管理与运作。

值得注意的是，在这一时期的相关政策文件中，校外教育机构作为"校外少先队活动阵地"的职能在逐渐弱化，在《少年儿童校外教育机构工作规程》中甚至未出现有关"少先队"的相关描述。

1999 年

中国青少年联合会下发《关于加强少先队社区工作的意见》，指出"社区日益成为人民群众包括广大少年儿童生活学习的重要空间"，强调"少先队组织就要充分利用社区这个重要阵地，发挥团结、教育、服务和保护少年儿童的作用，同时，要在组织、引导广大少年儿童参与社会管理、服务社区建设、维护稳定大局的工作中作出积极的贡献"。

在这一政策的指导下，校外少先队活动阵地中心开始由少年宫等校外教育机构向社区转移。

2014 年

全国少年先锋队全国工作委员会（简称"全国少工委"）正式出台《关于加强少先队校外教育工作的意见》（以下简称《意见》），这是第一个专门的少先队校外教育工作文件，对于推进少先队工作社会化进程以及校外少先队活动阵地建设有着重要意义。

《意见》重新明确了中国共产主义青年团领导的少年宫（家）、少年军校、少年夏令营地等校外教育机构在校外少先队工作中的重要作用，强调这些校外教育机构"是少先队开展教育活动的重要阵地"，"各级团队组织要充分认识校外教育阵地在实施素质教育和少先队教育活动中的作用，加强对校外教育阵地工作的指导"。此外，《意见》正式宣布成立中国少年先锋队全国校外教育工作指导委员会，"负责对全国少年儿童校外教育活动阵地的指导协调工作"。

这份专门针对少先队校外教育工作的文件，不仅表明了共青团中央、全国少工委和相关部门对校外教育的重视程度，也揭示了少先队校外阵地建设的迫切性和重大意义。

少先队校外阵地建设的时代价值

构建少先队校外阵地，旨在发动全社会各界力量共同关爱少年儿童的成长，由学校少先队组织"独角戏"转为全社会"大合唱"。在一定程度上，少先队校外阵地的建设，能够填补校内少先队组织教育的疏漏，凸显校外教育独特的功能定位。在丰富少先队员校外生活的同时，使他们在多元的课程、活动、实践中增长智慧、收获快乐、健康成长。

∴ 建设少先队校外阵地，确保教育方向的政治性、先进性，是延伸组织功能的必然要求

2017年2月，经党中央批准，共青团中央、教育部、全国少工委联合印发了《少先队改革方案》（中青联发〔2017〕3号）（以下简称《方案》）。《方案》指出，要"拓展校外和社区少先队工作。积极依托区域化团建，在街道、乡镇、社区和当地各条战线团组织带领下，整合用好城乡团内外各类阵地，组织开展社区、校外少先队活动……鼓励和推动各级少先队组织积极开展有利于少年儿童健康成长的各类校外实践活动"。

一直以来，学校都是开展少先队工作的主阵地，但事实上，少先队员在家庭及社会中的活动时间往往要超过在校时间。根据统计，以少年宫为例，每年面向少年儿童开放活动的时间可达110多天。特别是在2021年"双减"政策实施之后，随着课后任务的减少，少年儿童有了更多可支配的校外活动时间，因此仅仅依靠校内资源远远不能满足他们的成长需求。

除了弥补校内少先队组织教育的不足，校外少先队活动阵地丰富的活动载体及广阔的活动空间，也大大提升了少年儿童参与活动的主动性和积极性。因此，建设好、利用好校外少先队活动阵地，成立校外少先队组织，利用校外活动时间吸纳广大少年儿童接受组织教育、参与组织生活，是对校内少先

队组织功能的重要延伸和补充，对全面开展少先队教育、推进少先队工作有着重要意义。

二 建设少先队校外阵地，确保教育内容的多样性、生动性，是突出实践育人的必然要求

2021年1月31日，《中共中央关于全面加强新时代少先队工作的意见》正式出台，这是中华人民共和国成立以来第一个以党中央名义下发的有关加强少先队工作的文件。《意见》指出，要"加快建立校内外互为补充、有机联动的少先队实践教育体系，不断拓展实践活动项目和载体"，各地区可以根据现实需要，"充分利用新时代文明实践中心、爱国主义教育基地、青少年教育基地、中小学生研学实践营地（基地）、博物馆、科技馆、美术馆、基层党群活动场所和青少年宫、儿童活动中心、青年之家等各类文化场馆、社会资源，建设少先队校外实践教育营地（基地），让少先队员就近就便参与校外实践活动"。

新中国成立之初，第一个国民经济建设五年计划期间，在小学生中开展为实施五年计划做好事的公益活动。该活动虽是从校内发起的，却将广大少年儿童带入了丰富、生动的校外实践中，他们参与种植、捡粮、回收金属等劳动实践，积极为祖国建设作贡献。20世纪90年代，在全国少工委"跨世纪中国少年雏鹰行动"的倡导号召下，"雏鹰假日小队""社区少先队"以及各类夏令营活动在校外如火如荼地展开。近年来，各地少年宫等校外教育场所抓住党史学习教育、党的二十大学习等契机，开展了"争做新时代好队员""红领巾讲党史"等活动。可见，相较于校内而言，校外少先队活动阵地有着突出的资源优势与实践优势。

二 建设少先队校外阵地，确保教育载体的针对性、长效性，是整合社会力量的必然要求

党的十九届五中全会提出健全学校家庭社会协同育人机制，在《中华人民共和国国民经济和社会发展第十四个五年规划和2035年远景目标纲要》中确定了健全学校家庭社会协同育人机制的工作任务。2022年1月1日，《中华人民共和国家庭教育促进法》施行。该法第六条明确规定："各级人民政府指导家庭教育工作，建立健全家庭学校社会协同育人机制。"2022年8月23日，全国少工委八届三次全会召开，提出构建新时代少先队社会化工作体系的实施方案，对少先队工作社会化作出了专题部署。党的二十大报告进一步要求，"健全学校家庭社会育人机制"。同时，党的二十大报告强调，"建设全民终身学习的学习型社会、学习型大国"，这在整合社会力量方面对少先队阵地建设给予了新的启示。

在全面加强素质教育和深入推进教育改革的背景下，少先队社会化发展的需求愈发显著，少先队教育拓展至全社会已成为必然。整合社会的力量，推进少先队工作，建设少先队阵地，这一策略具有主体依据、教育依据和实践依据，植根于少年儿童的成长特点，适应少年儿童社会教育的客观要求，也是少先队改革的现实课题。[1]

新时代背景下，校外活动场所层见叠出，社区建设和社工队伍更加成熟，家长育儿观念更加先进、科学。可以说，比起过去，当前少先队阵地建设工作拥有的社会化条件更为有利。建设少先队阵地时需要铭记一个目标：少年儿童在哪里，少先队组织就建立在哪里；少年儿童在哪里参与社会活动，少先队工作就在哪里开展。

少年儿童活动的社会空间无比广阔，少先队阵地的旗帜绝不能仅仅在校内挥舞，应当迈出校门，踏入社会，唯有如此才能扩大少先队工作的覆盖面。

---

[1] 张良驯，赵丹丹. 少先队工作社会化的依据与方式[J]. 少年儿童研究，2022（12）：64。

少先队校外阵地建设的路径探索

中国精神蕴藏着丰富的内涵，它为我们在新的赶考道路上注入了强劲的精神力量和充沛的精神养分，是培养社会主义建设者和接班人的最佳教育资源。校外教育工作者要高度自觉地继承和发扬中国精神，建立与少年儿童特点相适应的学习资源库，通过思想政治课程、阵地文化熏陶、志愿服务实践、网络联通共建等多种路径，使中国精神有机融入校外阵地建设的全过程，传承红色基因，赓续红色血脉。

∴ 以统筹校内教学资源为根本

一是开发精品课程体系。烟台市教育局2022年发布的《深化新时代烟台市中小学思想政治理论课改革创新实施方案》要求，应发挥思想政治课主渠道作用，坚持把讲好道理作为本质要求。少先队校外阵地应遴选推出一批思想政治"精品课"，通过深度融合信息技术，创新授课模式，同时注重强化课程之间的有机联动关系，形成协同效应。根据少先队员的心理发展特点，扎实做好学段的衔接贯通。

二是配强精干师资队伍。在课堂上，各个学科的教师，尤其是专职思想政治课教师与本学科教研员，扮演着少先队基本知识的主要宣讲者和解读者的角色，是引导学生体悟少先队基本知识的关键引路人。通过科学实施"培训—比武—评选"三环节的教师培优育强工程，定期开展思想政治教研活动，如教学"大比武"、优质课评比等，可以有效提升教师在讲解队史、团史、党史时的感召力。

三是营造精妙阵地文化。通过丰富阵地景观建设、多彩活动的红色内容供给，注重落小、落细，提高精神遗产与文化载体的融合度。例如：打造党史长廊，用图片、文字和影像等形式直观地展示中国共产党的光辉历程与辉煌成就；适时组织活动，2021年全国多地青少年宫举办庆祝中国共产党成立100周年文化艺术节，有效传承伟大建党精神的红色基因。

以守牢校外育人阵地为抓手

一是锚定青少年宫。除学校之外，由共青团组织管理的青少年校外活动专属场所（青少年宫、青少年活动中心等）是少年儿童接触最为频繁的社会场所，是引领少年儿童政治启蒙的"第二课堂"。青少年宫能够发挥校外教育职能，设计和开发特色实践课程与活动，如烟台市青少年宫推出的"红领巾实践营"，更好地做到寓教于"趣"，使少年儿童从"流动的课堂"中感受宝贵精神遗产的深刻意蕴。

二是俯身城乡社区。作为促进少年儿童社会化的重要载体之一，社区通过恰当的手段将主流价值输送到少年儿童身边，有助于打通精神遗产传播的"最后一公里"。以烟台市为例，芝罘区大海阳社区以党建为引领，创新基层治理，建成广播站、彩绘墙、记忆馆等让少年儿童听得到、摸得着、看得见、忘不了的社区红色学习阵地；莱山区翡翠湾党群服务驿站设立红色文化专属展台，为各个城乡街道社区树立了榜样。

三是走进红色基地。烟台作为知名革命老区，凝结着鲜活的红色价值。组织少年儿童前往烈士陵园（如胶东革命烈士陵园）、烟台革命遗址（如雷神庙战斗遗址）、省级红色研学教育基地（如胶东红色文化陈列馆），瞻仰革命先辈光荣事迹，铭记他们的崇高风范，实现并强化了红色基地的社会教育功能。通过推出专题讲座，引入AR导览系统，拓展教育活动的时空维度，推动精神血脉的赓续传承。

∴ 以拓宽多方实践渠道为关键

一是"竖起耳朵"聆听，将中国精神内化于感性认识。组织少年儿童，特别是少先队员代表，采访当地先烈子孙、优秀共产党员、道德模范，通过访谈形式，现场聆听红色故事并进行后续整理，帮助他们深入了解并践行伟大建党精神、伟大抗战精神等，学习榜样人物的先进事迹，以小见大，身临其境地去感受和领悟个体感人故事所折射出的党的苦难与辉煌。

二是"张开嘴巴"宣讲，将中国精神深化于群众。烟台市青少年宫成立红领巾宣讲团，在思想政治教师、少先队辅导员的耐心指导下，孩子们把党的重要理论成果转化成为百姓容易理解的宣讲文本进行宣传和讲解。一方面，学校积极与社区、企业合作，组织少先队员代表走进小区广场、企业会场，开展面对面、互动式宣讲；另一方面，用好"两微一端"，通过短视频、微课堂等形式宣讲中国精神，起到时时受洗礼、处处有提升的作用。

三是"伸出双手"履行，将中国精神外化于实际行动。教育并引导少年儿童参加志愿服务，如卫生清扫、义务植树等，让他们带着对"践行初心、担当使命"的理解，以主人翁的自觉，展现"奉献、友爱、互助、进步"的良好风貌。同时，可以通过宣传展览、文字报道等形式，展示志愿行动的后效，让更多少年儿童感受到宝贵精神遗产的生命力，激发更多少年儿童的社会责任感、时代使命感。

第二章

童心向党：
我们是共产主义接班人，继承革命先辈的光荣传统

童心向党：我们是共产主义接班人，继承革命先辈的光荣传统

本章节活动以培养新时代少先队员"理想信念""政治认同"等核心素养为目标，从政治启蒙活动入手，对少年儿童开展思想教育。

政治启蒙的目标是教育少年儿童从小牢记习近平总书记的希望要求，按总书记要求做；认识到祖国建设的伟大成就和今天的幸福生活归根结底来源于中国共产党的正确领导、来源于革命先烈的英勇牺牲、来源于人民群众的艰苦奋斗、来源于我国社会主义制度的优越性；明白共产主义社会是值得追求的最美好的社会形态，认识到祖国和民族的未来归根结底要靠一代又一代人亲手去创造，树立为共产主义事业而奋斗的远大理想；发自内心地热爱中国共产党、热爱祖国、热爱人民，拥护中国特色社会主义。

政治启蒙的主要内容包括：习近平总书记对少年儿童的希望要求；党史、新中国史、改革开放史、社会主义发展史；中华民族伟大复兴的中国梦；中华民族共同体意识；中国共产党人的精神谱系；习近平新时代中国特色社会主义思想；等等。

活动案例一

让党史学习更"声"动
——"追寻"主题音乐党课

∴ 活动背景

为庆祝中国共产党成立 100 周年，贯彻落实党史学习教育重大决策部署，烟台市青少年宫以青少年音乐社团为依托，特开展主题音乐党课活动。由主讲人带领梳理党的百年光辉历程，并以此为主线，讲析不同时期创作流传的经典音乐。在欣赏红色音乐的同时，青少年可以充分了解经典艺术作品所处的时代背景和传达出的鼓舞人心的力量，能够更深刻地理解共产党人的初心和使命，厚植爱国情怀，树立报国之志。

∴ 方案展示

⊆ 活动目的

音乐党课，顾名思义，是通过音乐演奏的方式来"讲授"党课。音乐党课采取讲演结合的形式，由烟台市青少年宫少年交响管乐团、少年管弦乐团演奏。老师们精心筹备、演绎了 11 篇"有声讲义"的课程，包括独唱、二胡合奏、情景表演、配乐朗诵等形式，依次在学校、企业、剧院"开讲"。镌刻着苦难烙印、辉煌勋章的经典音乐，串联起中华民族在中国共产党领导下谋幸福、谋复兴的奋斗史，是激发少年儿童爱国爱党热情的生动教材。

音乐党课从策划到开演，历时两个多月。从敲定选曲到统筹脚本，从组织排练到协调主讲人员，从设计舞台背景到联系直播平台，筹备过程的每个步骤都精益求精，保证现场不出差错，一丝不苟地将红色曲目背后荡气回肠的历史故事讲给线上和线下的观众听，让少年儿童在激动人心的旋律中接力前行。

⌬ 活动时间

2021年7月—12月

⌬ 乐团介绍

烟台市青少年宫少年交响管乐团、少年管弦乐团，组建于2015年，由近百名曾在全国及各省市获奖的小乐手组成。乐团以引领少年儿童的音乐教育为目标，为孩子们搭建了一个展示才艺、交流学习、提升自我的有效平台，让孩子们在幸福中享受音乐，在快乐中体会音乐，在学习中理解音乐。

两支乐团培养了一批又一批的优秀学员，其中不少人考入国内外高等艺术院校；乐团在国内外各项文化艺术交流活动中也得到了社会各界的高度评价。

⌬ 节目形式

以史串歌、以歌叙史。音乐宣讲将以"边讲边演"的形式，以贯穿始终的"祖孙情景对话"串联经典曲目，以承上启下的"理论专家讲解"传授党史知识，向听众生动地讲述曲目所反映的特定时期的党史要点及其背后荡气回肠的历史故事。

⌬ 活动流程

1. 8：00，全体演职人员在演出大厅集合。

2. 少年交响管乐团与少年管弦乐团走场，演出前对话筒和伴奏等进行逐一测试。

3. 8：50，交响管乐团演奏开场曲《钢铁洪流进行曲》。

4. 主持人上台致音乐党课导言，请出主讲人。

5. 主讲人依次讲授《军民大生产》《绣金匾》党课内容，少年交响管乐团演奏曲目。

6. 少年交响管乐团离场，少年管弦乐团上场。

7. 红领巾讲解员讲述《王二小》党课故事。

8. 主讲人依次讲授《白毛女》《绣红旗》《红旗颂》组曲党课内容，童声演唱，由少年管弦乐团伴奏。

9. 主讲人致党课结束词，演出结束。

10. 观众离场，全体演职人员合影留念。

∴ 台前幕后

∈ 花絮故事

少年交响管乐团、少年管弦乐团两大乐团的70余名小乐手，怀着一颗渴望了解先辈精神的好奇心、一颗势必完成卓越演出的责任心，一起走进了排练课堂，而台前幕后的各种酸甜苦辣，也由此上演。

音乐党课演出现场

默契背后的"三根弦"

少年管弦乐团小提琴指导教师王媛谈到，首排的两首曲目均为精品，合奏难度较高，融合了微妙和壮观、细腻和豪放两类风格，非常考验乐团成员的基本功与默契度。"我们对演奏苛刻的自我要求从未改变，因此特别需要这次契机练练功、比比武，将内在的坚守外化成和谐的合奏。"管乐主管邹德铭说，"与优秀的同仁切磋技艺，增进交流，也能够为我们下一步对少年乐团孩子们的指导注入灵魂。"音乐中蕴藏的意志品格已然融入乐团成员的日常表达中，无论何时何处，他们都会绷紧自省、自励、自律这"三根弦"，以有序有质的自我要求备战每一个舞台。

尽管最后呈现给观众的演奏效果令人惊喜，但演出前的排练过程却不是一帆风顺的，也一度停滞不前。两个指挥老师对演奏的全面完成度要求很高，指挥棒一起，偌大的乐团里但凡出现音准错误，指挥老师能立即听出是谁。小乐手们精神状态是否饱满，眼神的落脚点应在何处，都是老师不厌其烦强调的问题。经过数周的练习与彩排，乐团的孩子们也发现，原来完成高水准的演出需要的不仅仅是扎实的基本功，还有各种音乐之外的因素，比如生活体验、随机应变能力、发展多元技能等等，即使是在排练课外也要做到"耳听八方"。

从蔚蓝，到靛青，再到墨黑，夜色一点一点浸染在天幕上，而五楼排练厅里却灯火辉煌，少年交响管乐团、少年管弦乐团成员群集于此，共同排演"追寻"主题音乐党课。

每一个声部的首席，在排练开始前都会帮助其他乐手校音，中间休息时辅助未完成声部演奏的同学练习，排练结束后，把大家的椅子、谱架摆好才离开，真正起到了带头作用，这也是乐团一直以来坚持的优良传统。从磕磕绊绊到胸有成竹，靠的是排练过程中的一次次打磨。不断查漏补缺，逐步提升演奏技巧，把乐器与自我融为一体，才成就演出时的尽善尽美。

指挥老师告诉大家，在舞台上，每一位乐手都代表乐团的形象。正式演出前小乐手们要候场三十分钟。候场环节很考验小乐手们的意志，在这半个小时里，他们面对着陆续落座的观众们，笔直端坐，既要情绪高昂又要纹丝不动。有些孩子在此之前没有演出经验，但在体育课上练过站军姿，他们目视前方，眼神坚定，这样严肃的候场状态让观众更加期待活动开场了。小乐手们穿着统一，精神抖擞，先调试乐器，再整理仪容仪表，力争把每个细节都完美展现。当站到指挥台的那一刻，指挥老师看到一双双聚精会神的眼睛，瞬间信心百倍。

劳动最幸福

当被问到哪一首曲子最有挑战性时，交响管乐团的小乐手们的回答异口同声："《军民大生产》！"一开始练习乐曲《军民大生产》的时候，孩子们对作品的情绪理解不透彻。管乐团总指挥邹德铭老师介绍曲目的背景："这首曲子发行于20世纪40年代，它的创作灵感来自陕甘宁边区军民的劳动生产场面。"长笛手柳怡辰困惑地举手提问："老师，为什么这曲子听上去这么喜庆呢？劳动明明是一件很累的事情啊？"单簧管乐手张梓涵也与柳怡辰产生了"共鸣"，她皱着眉想：难道我们没有听出来"弦外之音"？

邹老师忍住笑意，考虑到乐手的情绪将直接影响整首乐曲的感染力，必须想个办法为大家答疑解惑，于是耐心地引导他们："音乐家张寒晖为了创作这首作品，前去边区采风，我们也可以去'采采风'。这周大家除了加强日常练习之外，还有两个小作业，一是查阅《军民大生产》的创作背景，二是观察你身边快乐的劳动人民。"

收到任务，柳怡辰一回家就向爸爸申请了上网时长，迫不及待地打开电脑查找资料。原来全民族抗日战争进入到战略相持阶段后，由于国民党顽固派的包围封锁，陕甘宁边区面临严峻的财政困难。毛泽东同志发出了"自己动手""生产自救"的号召。在此号召下，陕甘宁边区掀起了轰轰烈烈的大生产运动。伴随着大生产运动的是营造热烈欢快氛围的劳动号子，铿锵有力的劳动号子能够缓解开梢林、开荒地带来的疲惫。《军民大生产》记录的正是边区军民将荆棘与泥塘开垦成良田的生动画面，柳怡辰被老一辈革命家艰苦奋斗、自力更生的精神深深地打动了。

第二周排练课前，邹老师请小乐手们交流他们的课后作业。大号手王浩宇说："我在学校走廊里看到保洁阿姨一边拖地一边哼歌，她看起来很享受她的工作。"打击乐手张书源说："我昨天帮妈妈捣蒜的时候，想起了上音乐课学的《打夯歌》，就自己给自己鼓劲儿：加把劲呀！哟嗬嗨！最后捣出了一大碟蒜泥，我觉得特别有成就感，特别开心！"通过对劳动者细致的观察和自身投入劳动的体验，小乐手们意识到，对于战时的先辈和当代的你我，用努力换取劳动果实都是幸福的。最后，小乐手们不但了解和掌握了大生产运动为全民族抗日战争胜利奠定物质基础的历史知识，而且明白了富有节奏的音乐能为劳动生产注入动力，终于把《军民大生产》激扬欢快的情绪演奏出来了。

手忙脚乱的彩排

音乐党课彩排前夕，当地下起了鹅毛大雪。彩排当日清晨，小乐手们不得不克服对温暖被窝的留恋，迎着刺骨寒风，前往青少年宫参加全员录像彩排。为了准时入场，长笛手王柯清早早出门等公交车，车却迟迟不来，王柯清将外套裹得更紧了一点，忽然一句熟悉的歌词闯进了她的脑海：三九严寒何所惧，一片丹心向阳开。她想起总指挥老师讲过江姐的故事，迫不及待地将新的感受分享给乐团的小伙伴们。因为恶劣的天气,有不少小乐手都差点儿迟到。进场之后,王柯清听到旁边的抱怨声音,"哎,你有没有觉得今天的风像刀子一样锋利呀?"她点头表示赞同,并小声地提醒:"咱们快点就位吧,指挥老师在催了!"

摄像机的红点亮起,彩排开始了。开始的前半程一切都很顺利,当彩排进行到《绣金匾》时,萨克斯乐手隋昊辰的右手不小心碰了一下谱架,这一碰可了不得,竟让谱架上的乐谱落到了地上。眼前就是摄像机,也不能弯身去捡。由于慌乱,隋昊辰大脑一片空白,一连吹错了许多音符,原本动听的音乐变得异常刺耳。如果再想不出解决办法的话,这场演出很可能因为自己小小的失误而落下遗憾。"别慌,练了那么久,其实谱子已经烂熟于心了!"他在心里安慰自己。隋昊辰不再惊慌失措,逐渐冷静下来,回忆起乐谱的内容,总算断断续续地吹了起来,终于流利地跟上了"大部队"。一阵"手忙脚乱"之后,彩排画上了一个圆满的句号。

绣出新天地

"江姐,又有信来了!信上说,毛主席刚刚宣布,中华人民共和国成立了!"这动人的一幕来自歌曲《绣红旗》的引子。由小演员侯朗润和肖梦涵饰演的大学生,向演唱者王延平老师饰演的江姐激动地汇报改天换地的好消息。为了能够生动形象地演绎这首经典歌曲,四个小演员戈蜜娅、肖梦涵、侯朗润、姜瑜婷在节目引子环节,用明白晓畅的台词为现场观众介绍歌曲所描绘的故事场景。

《绣红旗》演出现场

起初训练时,小演员们还不熟悉剧本,肢体动作略显僵硬。饰演江姐狱友孙明霞的侯朗润,在第一次排练的时候,显得有些害羞,拿着信件走向江姐的步伐十分缓慢。王延平老师指导她,慢走是不对的,只有小跑才能把迫不及待向江姐分享喜讯的心情呈现出来,才能呼应"多少年多少代,今天终于盼到你"的歌词。为了完成令观众信服和感动的表演,这些细枝末节都要好好打磨。

歌声响起后,小演员们在舞台上捧着红旗边角和布面星星,虚握着拳,配合着歌曲的节拍,小手抬起落下,好像真的捏着绣花针一般。模仿针线活儿,这个看起来再寻常不过的动作,背后却凝结了小演员们所下的苦功。除了向妈妈请教绣花的姿势,还需要熟悉歌曲背后的故事。阅读《红岩》、查阅资料是小演员们必做的功课。她们第一次知道,"绣红旗"的故事曾经真实地发生在国民党反动派关押共产党人的监狱中,而《红岩》的作者罗广斌本人就是这段历史的亲历者之一。

当王延平老师深情地唱完歌曲最后一句歌词"绣出一片新天地"的时候,小演员们将红旗高高举起,气氛达到高潮。现场的青少年观众的目光是炽热的,因为他们要接过先辈用牺牲奉献织就的旗帜,属于他们的"新天地"在等着他们探索。

嘘——认真听

历史，尤其是党史，对于小观众刘雨菲和刘书畅来说，曾经是既抽象又枯燥的知识。直到聆听了音乐党课，他们才发现，党史学习也可以很生动有趣。每每演奏完一支曲子，小乐手们都认认真真地听着主讲人讲解乐曲背后的红色故事，没有一个人做小动作，每个乐手都俨然一位小演奏家的模样。

或许音乐的感染力是真的可以横跨百年的，不然怎么解释序曲奏响没一会儿，刘雨菲就露出了陶醉的表情呢？明明开场前，她还在东张西望，一副心不在焉的样子，轻轻拽着妈妈的袖子问："什么时候结束？"妈妈提醒她："嘘——认真听。"

随着演出的进行，作为观众的刘雨菲也渐入佳境了。管弦乐合奏《王二小》响起后，她的心始终被王二小牵动着。当听到少年讲述人台俊轶的独白，她的眼圈微微泛红。悲壮的鸣奏衬托着王二小的英勇。"二小终于把敌人带进了埋伏圈，八路军看到鬼子和二小同时出现，他们迟疑了，因为担心一旦开枪，会误伤王二小……"她情不自禁低声惊呼："不要开枪！"全民族抗日战争时期，敢于以鲜血荐轩辕的少年英雄是数不胜数的，想到这里，刘雨菲暗暗立下誓言："我要向王二小学习，做一个对国家和社会有用的人！"

活动结束后，青少年观众们发现，原来学史明理的方式多种多样，并不局限在课堂上，更可以走进音乐厅、阅览室、纪念馆，钻进党史的花园，细嗅知识的芬芳。家长们的歌单里添加了《迎太阳》《红旗颂》，孩子们的电影列表里多了《烈火中永生》《闪闪的红星》……他们心潮澎湃，倍感振奋，想把求知若渴的热情与报效祖国的盼望延续下去。

∴ 活动后记

人民音乐家冼星海曾说过:"音乐是陶冶性情的熔炉。"对于参演的青少年乐手、观演的青少年听众来说,这是一次在音乐中了解党史、在党史里品味音乐的好机会,极大地增强了青少年们传承红色基因的使命感,提高了领悟革命精神的敏锐度。

只有有序衔接贯通党、团、队育人链条,全面组织开展主题音乐党课巡演,把课送进校企村镇,才能打通思想政治教育"最后一公里"。站在新的历史节点,笔者希望能与教育工作者并肩携手,努力成为精于"传道授业解惑"的"师者",遵循美育规律,通过融入艺术表达的方式丰富党史学习教育的形式和载体,用美的力量启迪广大青少年,让青少年更加全面地认识、理解党和人民同心协力、艰苦卓绝的奋斗史,为培养堪当民族复兴重任的时代新人贡献自己的力量。

活动案例二

"绘百年 颂中华"
——少年儿童书画传情系列美术活动

∴ **活动背景**

让青少年儿童学习党史、了解党史，比较直观的方式就是图像的视觉输入。让更多的青少年儿童通过图像了解党史，青少年宫美术教育责无旁贷。中央广播电视总台、中国国家博物馆、中央美术学院等机构联合制作的《美术经典中的党史》节目一经推出，就给青少年宫美术活动部的教师团队很大启发，这种鲜活的美术作品无疑也是青少年教育的文化食粮。"绘百年 颂中华"少年儿童书画传情系列美术活动在这一启发中应运而生。

整个系列包含了"书画中的党史故事"视觉艺术鉴赏、"从浓烟滚滚到姹紫嫣红"丙烯绘画集体创作两个活动。其中，"书画中的党史故事"视觉艺术鉴赏活动从2021年3月启动至2021年11月结束，共举办18期，贯穿了整个"绘百年 颂中华"少年儿童书画传情系列美术活动始终，为少年儿童讲好党史故事、传承红色精神作出了突出贡献。通过经典画作学习和鉴赏、现场书画、故事绘画、美术作品线上征集和展播等形式，全方位、立体式地给广大少年儿童奉献了一场震撼人心、精美绝伦的党史美术盛宴。

第二章
童心向党：我们是共产主义接班人，继承革命先辈光荣传统

∴ 方案展示

为让广大少年儿童通过书画了解中国共产党的历史，深知使命担当，美术活动部开展了系列活动，从观看到讲授再到实践，让青少年宫的孩子们更加深入地学习党史、了解党史，培养少年儿童主动担当民族复兴大任的责任意识，为成为中国特色社会主义事业的接班人而不懈奋斗。各活动具体方案展示如下。

活动方案一："书画中的党史故事"视觉艺术鉴赏

⊆ 活动目的

为庆祝中国共产党成立 100 周年，提高少年儿童学习党史的热情，少年宫美术部特开展"书画中的党史故事"视觉艺术鉴赏活动。在漫漫的历史长河中，经典的书画作品就像一部图像史册，承载着历史的过往，记录着世间的悲壮与辉煌，是少年儿童进行党史学习最好的教材之一。美术部全体教师按照党史发展的时间顺序，共同找寻了近百件适合少年儿童观摩欣赏的绘画、雕塑、书法作品。这些作品将作为重要载体参与到党性教育中，真正发挥美术教育以美育人，强化文化引领和政治引领的作用。

⊆ 参与人员

烟台市区少年儿童

⊆ 活动时间

2021 年 3 月—11 月

⊆ 活动内容

展现近百件承载党史的优秀美术作品，按照历史时间节点分别进行讲解。本次活动以线上分期展示的形式，展出丰富多彩的书画作品，帮助少年儿

童直观了解中国共产党成立和发展的艰辛历程以及建立的丰功伟业。

◎ 活动流程

1. 2月份前，教研探讨党史中的重要节点，制定出活动整体大纲。

2. 3月份前，制定出18期内容的主题，并进行分工。

3. 3月份起，发布第一期内容，每发布一期内容前需集体讨论和检验内容质量，确保绘画作品、文字的准确性，以达到文化引导、知识普及的目的。

4. 活动期间，教师定期抽取1至2期"书画中的党史故事"主题，在美术课上进行实践绘画。

5. 结合本次活动，开展少年儿童现场实践绘画和绘画作品征集等活动。

活动方案二："从浓烟滚滚到姹紫嫣红"丙烯绘画集体创作

◎ 活动目的

为紧跟"书画中的党史故事"视觉艺术鉴赏活动的脚步，提高少年儿童学习党史的热情，少年书画院带领学生讲解丙烯绘画知识，欣赏经典党史绘画作品，再用画笔一起画党史，使少年儿童对党史有更深入的了解。

◎ 活动时间

2021年3月—6月

◎ 参与人员

少年宫书画院学员

◎ 活动内容

带领孩子们用布面丙烯绘画的手法，集体创作主题为"从浓烟滚滚到姹紫嫣红"的大型丙烯作品。

◎ 活动流程

1. 3月初，课前由老师收集绘画素材，准备课件。

2. 第一课，根据素材讲党史。分小组，竞选组长，分主题。

3. 第二课，在老师的帮助引导下，绘出底稿。

4. 第三课至第六课，基本完成绘画。

5. 参加现场绘画活动，完成作品，进行展示。

台前幕后

教案展示

"从浓烟滚滚到姹紫嫣红"教案
少年书画院第一学期课程

1. 适合年龄

8岁—9岁

2. 课时

8周

3. 课程导入

少年书画院开班正值中国共产党成立100周年之际，少年书画院毕加索画室的第一期课程，准备从四个阶段让学生了解中国共产党的光荣历史。根据课堂分组情况，制定五个篇章，分别是：南湖红船、井冈山会师、中华人民共和国成立、改革开放、现代化建设。老师搜集大量史料和绘画素材资料，给学员进行全方位展示，让学员在思想文化上对中国共产党有更加深入的了解，之后带领学员分组进行大型丙烯作品创作。

4. 课程的知识点

（1）中国共产党党史内容的讲解。

（2）讲解丙烯的特质和用法，讲解大型布面绘画需要注意的地方，集体相互配合绘画。

（3）本课程难点：画面尺寸太大（1.2 m*0.8 m，共20组），不容易构图；第一次使用丙烯材料，要给孩子们讲明白、多示范。

5. 课程内容

集体创作课："从浓烟滚滚到姹紫嫣红"大型丙烯布面绘画

6. 授课步骤

（1）讲授中国共产党的发展历史，从四个阶段进行讲解和分析。

（2）帮助孩子分解绘画步骤，分组并选出组长，从多幅资料中选择合适的单个素材，之后再进行重组。

（3）帮助孩子们把5组构图分析出来，并进行小幅的示范画演示。

（4）所有作品统一收取，保存展览。

7. 教学反思

（1）党史讲解中图片资料丰富，但是主次要分好，以免杂乱，讲不清重点。

（2）大型作品比较耗时耗力，提前做好画材、资料等各项准备工作和卫生清洁。

（3）集体创作需要做好学员的各项思想工作，提前分配任务。

（4）在时间上要留有余地。

8. 学生反馈

（1）大幅绘画是新鲜有趣的体验，但是对大尺寸作品的构图、置色等方面不易掌握。

（2）拆开重组的方法运用不够熟练。

（3）色彩搭配不错。

9. 家长反馈

（1）感叹孩子们对党史学习的认真。

（2）对少年书画院的课程安排充满信心。

（3）看到了孩子们的进步和成长。

10. 少年书画院学生作品展示

从浓烟滚滚到姹紫嫣红——红船精神

从浓烟滚滚到姹紫嫣红——战火纷飞

从浓烟滚滚到姹紫嫣红——开国大典

从浓烟滚滚到姹紫嫣红——改革开放

从浓烟滚滚到姹紫嫣红——民族复兴

◖ 花絮故事

从浓烟滚滚到姹紫嫣红

烟台市青少年宫少年书画院于2021年3月成立并开课，开课之后不久即迎来中国共产党百年华诞，这无疑是开展少年儿童党史教育的一个契机。随着"书画中的党史故事"视觉艺术鉴赏活动的逐步推进，广大学员对党史有了更深层次的了解，这让少年书画院的主讲教师刘漪明心中萌生了一个想法：带领书画院的小画家们"画"党史。

这个想法付诸实施后，问题也随之而来。首先百年党史内容丰富，如何在课堂中讲述，又如何在绘画中体现，都成了亟待解决的难题。但是有想法就得干。凭着迎难而上的冲劲，刘老师开始大量查阅书籍，上网找寻素材，除了"书画中的党史故事"主题活动中的近百幅鉴赏作品外，她还搜集到了建党以来的宣传画、版画、儿童插画、连环画等多种绘画素材。在搜集素材的过程中，刘老师也厘清了讲课思路，对讲授党史坚定了信心。

刘老师带着搜集到的几百张绘画素材，满怀自信走进了少年书画院，第一堂党史绘画课开始了。与以往的绘画课不同，这一次不是各画各的，而是集体绘画创作，这也是孩子们从来没有过的绘画经历。刘老师把20名小画家分成5组，每组4人，选出组长，通过小组讨论的方式选定绘画主题并共同完成，最后再将五组作品构成一幅完整的系列画作。

刘漪明老师为孩子们授课

课程伊始，刘老师已经通过图片展示和讲故事的方式把党史中的四个阶段一一概述，所以选择主题的任务就落在了每个小组长的身上。经过反复讨论，最终确定了五组作品的主题，分别是：红船精神、战火纷飞、开国大典、改革开放、民族复兴。主题一出，刘老师拍手叫好，党史没有白讲，当即刘老师就给整幅系列作品取好了名字——"从浓烟滚滚到姹紫嫣红"。

少年书画院学员现场作画

∴ 活动后记

美术作为直达心灵的视觉艺术，在党史教育中发挥着不可忽视的作用。把经典书画作品作为党史学习的教材之一，在理论学习之后，再以书画的形式让孩子们表达出来，这种知行合一的教学方式加深了孩子们对党史的了解，更能够激起他们不忘初心的赤子之情。

通过开展"绘百年 颂中华"少年儿童书画传情系列美术活动，孩子们不仅学习了不同画种的艺术特点，了解了作品背后的党史故事，更重要的是，增强了理想信念，传承了红色基因。孩子们以画传情，表达了对党和国家的热爱之情，他们表示要努力成长为能够担当民族复兴大任的时代新人！

活动案例三

"礼赞二十大 童心永向党"
——认真学习宣传贯彻党的二十大精神系列活动

∴ 活动背景

党的二十大是在全党全国各族人民迈上全面建设社会主义现代化国家新征程、向第二个百年奋斗目标进军的关键时刻召开的一次十分重要的大会，是一次高举旗帜、凝聚力量、团结奋进的大会。学习宣传贯彻党的二十大精神，必须全面、准确、深入理解内涵，精准把握外延，既要坚持整体把握、全面系统，又要突出重点、抓住关键，激励广大少年儿童心系国家事、肩扛国家责，坚定爱党、爱国、爱家乡的崇高信念，以时不我待、只争朝夕的昂扬姿态，踔厉奋发、锐意进取，成为担当民族复兴大任的时代新人。

我们青少年宫以"礼赞二十大"为轴心，面向全市少年儿童，陆续举办"科普向未来"创意编程评选大赛、"扬帆再出发"新年音乐会、"书画颂初心"少儿书画活动、"非遗颂中华"手工作品大赛，把对伟大时代、伟大事业的敬仰之情融于指尖、现于笔端，表达对伟大祖国繁荣昌盛的美好祝愿。

∴ **方案展示**

为庆祝党的二十大胜利召开,烟台市青少年宫开展系列活动,从各个专业学科出发,教育和引导广大青少年牢记并落实习近平总书记提出的"少年儿童从小就要立志向、有梦想,爱学习、爱劳动、爱祖国,德智体美全面发展,长大后做对祖国建设有用的人才[1]"的殷切期望。各活动具体方案展示如下。

活动方案一:"礼赞二十大 科普向未来"青少年创意编程征集展示

⊆ 活动目的

激发青少年科技创新热情,培养青少年创新人才,为建设科技强国、智慧社会提供有力支撑,营造人人参与科技创新的氛围,激发更多少年儿童积极参与科技创新实践活动,夯实科普阵地建设。

⊆ 活动时间

2022年11月—12月

⊆ 参与人员

烟台市中小学生

⊆ 活动内容

向全市青少年征集围绕"中国梦""二十大""科技强国"等主题创作的图形化编程作品。作品表现形式不限,可通过音乐、故事、动画等进行创意表达,立意积极向上,具备正能量。

---

[1] 2013年5月29日,习近平同志在同全国各族少年儿童代表共庆"六一"国际儿童节时的讲话。

◉ 活动流程

1. 前期：在烟台市青少年宫公众号发布活动征集通知。
2. 中期：组织评委对征集的作品进行评选，优秀作品在公众号进行展示。
3. 后期：通过公众号发布最终获奖名单，为获奖选手颁发证书。

活动方案二："让红色基因代代相传"少儿舞蹈团迎新年汇报演出

◉ 活动背景

为献礼党的二十大，展现广大少年儿童砥砺奋斗、勇毅笃行的精神面貌，烟台市青少年宫少儿舞蹈团举行"让红色基因代代相传"汇报演出。这场凝聚着舞蹈团教师与所有团员汗水与心血的演出盛宴震撼着观众们的心灵，以经典红色舞蹈的形式弘扬以爱国主义为核心的民族精神和以改革创新为核心的时代精神。

◉ 活动时间

2022年12月27日上午

◉ 活动地点

烟台市青少年宫多功能厅

◉ 参与人员

学员：少儿舞蹈团

舞蹈团教师：王丽、林卉子

活动方案三："礼赞二十大 童心永向党"青少年短视频展示征集

◉ 活动目的

2022年是党的二十大召开之年，也是中国共产主义青年团成立100周年。为喜迎党的二十大和庆祝中国共产主义青年团成立100周年，深入学习贯彻习近平总书记关于教育工作的重要思想，团结引领广大少年儿童坚定跟党走、一起向未来，集中展现全市青少年锐意进取、积极向上的精神风貌，烟台市青少年宫发起"礼赞二十大 童心永向党"青少年短视频展示征集活动。

∈ 作品内容

此次征集作品围绕"礼赞二十大 童心永向党"主题进行创作，结合少年儿童自身学习和生活的经历，表达烟台市青少年传承光荣，践行使命，追梦前行的深刻感悟，书写党的十八大以来的伟大实践、伟大成就、伟大精神，汇聚筑梦新时代、奋进新征程的磅礴力量。

∈ 作品形式

以短视频的形式，演绎和展示器乐、舞蹈、唱歌、朗诵、快板、戏曲、剧情、武术、科技等元素。

作品视频格式不限，清晰度1080P以上，时长不超过5分钟。

∈ 作品展播

我们将选取优秀作品在烟台市青少年宫微信公众号、视频号编发，并推荐至省市级及以上媒体，活动结束后将向优秀作品的作者和指导教师颁发荣誉证书。

∈ 征集要求

短视频作品需为近半年内制作，不涉及版权或知识产权的纠纷；作品需授权烟台市青少年宫公众号、视频号进行播出，并授权烟台市青少年宫行使除署名权和保护作品完整权外的其他全部权利；作品上传须注明作品名称、作者姓名、作者学校、指导教师、联系方式等信息。

∴ 台前幕后

∈ 花絮故事

"编"织美好未来

为更好地学习宣传贯彻党的二十大精神，教育引导少年儿童"听党话、感党恩、跟党走",烟台市青少年宫科体先锋联合中队创意编程专业开展了"礼赞二十大 科普向未来"主题队课。

主题队课上,老师从党的二十大精神、国旗的诞生、少先队史三个方面进行深入讲述,激发了孩子们强烈的爱国热情、感恩情怀,增强了他们的民族自豪感与历史责任感,坚定了努力学习、报效祖国的决心。

随后,老师讲解以党的二十大精神为主题的编程作品,带领少年儿童们将党的二十大精神融入编程学习中去。

辅导员谢存志为孩子们讲解队课主题

少先队员认真制作队课作品

队课最后,队员们纷纷表示:作为共产主义接班人,作为新时代的少先队员,我们要认真学习领会党的二十大精神,高举队旗跟党走,奋力逐梦新时代,用实际行动践行"请党放心,强国有我"的铮铮誓言。

下一步,科体先锋联合中队将把贯彻落实党的二十大精神的主题融入更多的课程教学和公益活动中去,用喜闻乐见的方式,让更多少年儿童学习领会党的二十大精神。

舞出精彩人生

《婷婷的舞蹈日记》以孩子的视角、质朴的语言讲述着成长历程，以此开启了"让红色基因代代相传"舞蹈汇报演出的序幕。随着实景课堂的一步步推进，日记就像一幕幕电影出现在观众面前：老师温柔的笑容、耐心的指导、真诚的鼓励化作一股暖流滋润着孩子的成长；随着日记的翻页，学习的舞蹈内容也越来越丰富，孩子们感恩老师唤醒了他们学习的求知欲，就像作品《心中的纸飞机》里描述的那样，舞团教师用爱心引领着孩子们"走出大山"，去创造属于自己的理想天地。

少儿舞蹈团的孩子们每个人心中都藏着一颗舞蹈的"种子"，她们每天都温柔地呵护着这颗"种子"生根、发芽、开花、结果。《婷婷的舞蹈日记》里真实地记录着："今天舞蹈课上我们练功，真的好疼，但我咬牙坚持住了，因为我期待在舞台绽放的那一刻"；实景课堂上，孩子们拉长柔美的身姿，随着舒缓的音乐起起伏伏，一丝不苟地刻苦训练；舞蹈作品《飞呀，飞呀》则用一只小小的蝴蝶，告诉孩子们该怎样去爱护环境、珍惜生命。舞蹈《小白船》以"晨星来引路"，传达出孩子们积极探索，勇于追求美好未来的意境。

舞蹈作品《飞呀，飞呀》

舞蹈作品《小白船》

舞蹈《我心中的河》围绕"帮解放军叔叔挑水"这一事件展开。孩子们以活泼、可爱的肢体语言和舞台化的表演方式，展现军民鱼水情。从生活中提炼舞蹈动作又予以艺术升华，孩子们爱国、爱党、爱家的深情，通过生动的表情、丰富的舞蹈语汇表现得淋漓尽致。

舞蹈作品《我心中的河》

舞蹈《心中的纸飞机》展现了天真活泼的孩子们随着翩翩起舞的纸飞机，放飞着走出大山的梦想，向往着如诗如画的美好未来。瞧！他们脸上挂着自信昂扬的笑容，毫不畏惧。此刻的倾情绽放定然离不开平日里的刻苦训练，如果注定飞翔，那就脚踏实地，每一个转身、每一个眼神、每一个昂首、每一个笑容都是真诚的,是以滚烫的血液凝聚的真心,成就那触手可及的美好向往。

舞蹈作品《心中的纸飞机》

"听我说,听我说,美德最可贵,幸福的生活靠我们一起来描绘,种下的是梦想,收获的是希望……"孩子们边唱边舞,以童真之心感恩我们的党、我们的前辈,百年风雨、前仆后继用血肉之躯为我们建设出今天的幸福生活。

∴ 活动后记

"一百多年的风雨洗礼,留下的是不变的信仰和不懈的追求。"舞蹈团负责人王丽老师说,"作为一名舞蹈教师、一名预备党员,我要以实际行动,从舞蹈团的规划与建设,到每一堂课、每一个作品、每一个动作的训练,不断践行自己对党和人民的庄严承诺,努力在工作中诠释'为人民服务'的深刻内涵,让党旗永远飘扬在每一个孩子的心田。"

"我们会继续关注每一个孩子的点滴进步,不断进行挖掘、深化我们的作品。我们也将继续传承和发扬烟台市青少年宫精益求精、拼搏进取的精神,把更多思想性、艺术性、观赏性兼备的好作品呈现给社会，并将艺术教育与德育教育有机结合，在艺术作品中将红色基因代代相传。"

"在作品《没有共产党就没有新中国》学习过程中，老师把歌词的深意解读给我们听，让我们更加懂得珍惜与感恩。"学员刘楚齐在随笔里用稚嫩的笔触写道，"从小妈妈和老师告诉我们，要热爱祖国、热爱党，没有共产党，就没有新中国，我多么幸运啊，生于、长于祖国妈妈的怀抱。"

"玉不琢，不成器。"用党的二十大精神指引前路，用红色基因锤炼过硬本领，用红色基因培育舞蹈梦想，让我们一起见证孩子们的茁壮成长。

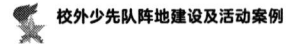

活动案例四

"学习百年党史 传承红色基因"
——烟台市青少年儿童学习党史知识系列活动

∴ 活动背景

2021年2月1日,在牛年春节即将到来之际,中共中央总书记、国家主席、中央军委主席习近平在北京人民大会堂同各民主党派中央、全国工商联负责人和无党派人士代表欢聚一堂,共迎佳节。也是在这场聚会上,习近平总书记指出,中共中央决定,2021年将在全党开展中共党史学习教育,激励全党不忘初心、牢记使命,在新时代不断加强党的建设。

2021年2月20日,党史学习教育动员大会在北京隆重召开,习近平总书记在会上强调:"要抓好青少年学习教育,着力讲好党的故事、革命的故事、英雄的故事,厚植爱党、爱国、爱社会主义的情感,让红色基因、革命薪火代代传承。"由此,"学习百年党史 传承红色基因"的浪潮在全国少先队员们中间席卷开来。

∴ 方案展示

为提高青少年儿童对党史的认知和理解,烟台市青少年宫举办一系列学习党史的活动，其中包括优秀老党员故事会和优秀红领巾党史讲解员表彰活动等。这些活动旨在通过向青少年儿童传递优秀老党员的经历故事和精神品质，让他们更好地了解党的艰辛奋斗历程。同时，通过表彰优秀的党史讲解员，进一步激发他们的责任使命感，不断提升他们的讲解水平，让更多的人受益于党史的学习。各活动具体方案展示如下。

活动方案一："聆听党的故事 传承红色基因"中国共产党成立100周年优秀老党员故事会

⊆ 活动目的

2021年7月1日，是中国共产党百年华诞。百年征程波澜壮阔，百年初心历久弥坚。为增强少年儿童爱国爱党的情感和振兴祖国的责任感，树立民族自尊心与自信心，烟台市青少年宫举办"聆听党的故事 传承红色基因"中国共产党成立100周年优秀老党员故事会活动，旨在让少年儿童了解党的光辉历程，了解革命精神、民族精神的丰富内涵，激发历史使命感和责任感，鼓励少年儿童好好学习，铭记历史，传承红色精神。

⊆ 活动单位

1. 主办单位：共青团烟台市委、烟台市少年先锋队工作委员会（以下简称"烟台市少工委"）

2. 承办单位：烟台市青少年宫

⊆ 活动时间

6月26日 8：50—10：00

⊆ 活动地点

青少年宫报告厅

⊆ 参与人员

全市少先队员代表

◐ 活动流程

1. 活动开始前10分钟，50名少先队员代表有序入场，工作人员指引其在会场内间隔就座。由工作人员检查少先队员是否正确佩戴红领巾。

2. 主持人强调会场秩序、宣布活动开始，向全体与会少先队员代表介绍老党员基本信息。

3. 由少先队员代表（一名）为老党员敬献和佩戴红领巾。

4. 老党员讲述奋斗历程。

5. 由少先队员代表（一名）为老党员献花致敬。

6. 全市少先队员代表起立，面向党旗、队旗宣誓。（四名少先队员举党旗，四名少先队员举队旗）

7. 全市少先队员代表齐唱中国少年先锋队队歌《我们是共产主义接班人》。

8. 全市少先队员代表与老党员合影留念。

9. 与会人员有序离场。

活动方案二：烟台市优秀红领巾党史讲解员表彰活动暨党的十九届六中全会精神巡讲启动仪式方案

◐ 活动目的

为表彰部分优秀红领巾讲解员在青少年"学党史、强信念、跟党走"学习教育中的宣传引领作用，激励其今后更加努力传播党史知识，根据前期评选结果，烟台市少工委、烟台市青少年宫共同举办烟台市优秀红领巾党史讲解员表彰活动。同时，为教育引导少先队员牢记习近平总书记的教导，大力培养少先队员对党和祖国的朴素情感，引导少先队员从小培育和践行社会主义核心价值观，努力成长为德智体美劳全面发展的社会主义建设者和接班人，此次表彰仪式同时启动党的十九届六中全会精神巡讲仪式。

⊆ 活动时间

2021年11月20日 9：00

⊆ 活动地点

青少年宫报告厅

⊆ 参与人员

1. 烟台市优秀红领巾讲解员。

2. 山东省青少年宫"同心向党"红领巾巡讲团团员。

⊆ 活动流程

1. 主持人开场。

2. 青少年宫领导讲话，总结红领巾宣讲活动。

3. 主持人宣读烟台市优秀红领巾党史讲解员名单。

4. 领导为获奖讲解员颁奖。

5. 主持人宣读"同心向党"红领巾巡讲团成员名单。

6. 领导为巡讲团成员颁发证书、奖牌。

7. 邀请两名优秀讲解员代表上台进行宣讲活动展示，交流宣讲心得。

8. 烟台市少工委领导传达党的十九届六中全会精神。

9. 红领巾讲解员代表发言。

10. 红领巾讲解员在启动幕布上签名留念。

∴ 台前幕后

⊆ 花絮故事

活动方案的诞生

2021年6月12日，80岁高龄的离休老党员孙韵曼正坐在家中焦急地等待着，这天是烟台市青少年宫同事们来探望她的日子，虽然他们每年都会定期来探望,但这次却让孙老师格外期盼,因为他们将带来一份特别的礼物——一枚由党中央颁发给党龄达到50周年、一贯表现良好的党员的"光荣在党50年"纪念章。

离休老党员孙韵曼

当沉甸甸的纪念章终于拿在手上,孙老师忍不住细细端详、反复摩挲,还和到访的年轻同事们聊起了当年的故事。

孙老师的讲述让在场的几位同事都对书本上的革命历史有了更切实、更深刻的感悟。作为校外教育工作者,这次特殊的党史学习经历,也让大家对开展青少年儿童的党史学习教育有了新的思考和规划。传统的党史学习方式,常常因为不够生动而达不到预期效果,如果能充分挖掘、发现身边可歌可泣的鲜活故事,架起老党员与青少年儿童沟通交流的桥梁,引导少先队员聆听身边或家乡的英雄人物和事件,通过少先队员乐于接受、喜闻乐见的形式讲好党的故事,一定能增强党史学习的实效性和感染力。于是"优秀老党员故事会"的活动方案应运而生。

我们都是优秀讲解员

根据前期评选结果，烟台市青少年宫策划举办了烟台市优秀红领巾党史讲解员表彰活动，同时启动党的十九届六中全会精神巡讲仪式。11月20日上午，活动在烟台市青少年宫举行。

党史讲解员代表

优秀红领巾党史讲解员领奖现场

表彰活动上，烟台市青少年宫副主任张晓红对2021年的红领巾党史宣讲活动作出全面总结，对各位讲解员走校园、登舞台、进社区进行宣讲的辛勤付出给予了充分肯定，并对讲解员提出了进一步期望。接下来，与会领导为烟台市优秀红领巾党史讲解员及山东省"同心向党"红领巾巡讲团团员颁发证书。芝罘区国翠小学的王润涵同学、蓬莱区易三实验小学的刘俊宏同学作为讲解员代表，与现场人员分享了他们的宣讲成果、宣讲经验。

颁奖仪式结束后，烟台市少先队总辅导员张慧部长带领现场的辅导员教师和少先队员学习领会了党的十九届六中全会精神。

∴ 活动后记

活动结束后，少先队员们纷纷表示受益良多、感受颇深，许多人更是对深入探索党史故事、讲述党史故事有了浓厚的兴趣。全市少先队员一起学习了抗战精神、长征精神、"两弹一星"精神、大庆精神、抗洪精神、脱贫攻坚精神……

通过学习这些伟大精神，少先队员们深刻感知到了中国共产党成立的艰辛及共产党员为解放中国付出的巨大牺牲，强烈意识到了现在幸福生活的来之不易；通过学习这些伟大精神，少先队员向先辈学到了自强不息、艰苦奋斗的优秀品质……"强国有我，请党放心！"他们许下诺言，将继承先辈的优良传统，树立远大志向，坚定理想信念，不怕困难，顽强学习，将来为实现中国梦贡献自己的力量。

第三章

队旗飘扬：
爱祖国，爱人民，
鲜艳的红领巾飘扬在前胸

队旗飘扬：爱祖国，爱人民，鲜艳的红领巾飘扬在前胸

本章节活动以培养新时代少先队员"理想信念、组织意识"等核心素养为目标，从组织认同活动入手对少年儿童开展教育。

组织认同的目标是帮助少年儿童认同并践行少先队组织的章程和文化，向往和积极参与少先队组织生活，增强少先队员光荣感和组织归属感；引导少先队员理解党、团、队特殊而紧密的政治关系，树立"入队、入团、入党"的成长目标。

组织认同的主要内容包括党、团、队关系的基本知识；少先队的历史；少先队标志礼仪、仪式等组织文化的政治内涵；少先队员的权利和义务；开展组织意识实践，如完成组织交给的任务，遵守队的纪律，服从队的决议等；开展活动实践，如主动参与队的组织生活、实践活动和阵地建设等；开展民主实践，如民主选举、讨论协商等；开展团前教育和推优入团。

活动案例一

"向海,向未来"
——校外少先队活动课程

∴ 活动背景

烟台,因海而生、向海而兴,海洋为这座城市涵养了深厚的文化底蕴,积蓄了澎湃的发展动能,同时也造就了优美的仙境风光。关心海洋、认识海洋、经略海洋,是我们建设海洋强国的有效路径,也是国家一直以来对山东、对烟台寄予的厚望。

新时代的少先队活动课程是对少年儿童进行政治启蒙和价值观塑造的核心课程。《中共中央关于全面加强新时代少先队工作的意见》指出,新时代少先队工作的中心任务是"全面加强新时代少先队工作,强化对少年儿童的政治启蒙和价值观塑造,引导少年儿童时刻准备着为共产主义事业而奋斗"。少先队活动课程注重实践育人特色,"聚焦培养共产主义接班人,聚焦传承红色基因,聚焦政治启蒙和价值观塑造,把握增强少先队员光荣感工作主线",旗帜鲜明地回答"少先队育什么人、怎样育人、为谁育人"的根本问题。通过开展少年儿童喜闻乐见的跨学科实践活动,落实了这一任务,这也是少先队活动课独一无二的优势。

作为在海边出生、在海边长大的孩子，烟台少先队员本身就对海洋怀有深厚的情感。结合习近平总书记视察山东、视察烟台重要讲话指示精神，根据《少先队活动课程指导纲要》（2021年版），我们以"认识海洋—亲近海洋—守护海洋"为主线开展活动课程，引导少先队员通过主题队课学习、资料搜集、参观实践、成果汇报、红领巾争章等沉浸式、体验式、互动式的方式，学习海洋知识、培育海洋意识、弘扬海洋文化，在了解家乡海洋开发新成就，激发热爱家乡、建设家乡的美好情感的同时，认识建设海洋强国的重要意义，进而树立起建设海洋强国的远大志向，并为这一梦想的实现砥砺奋斗，注入源源不断的力量。

方案展示

活动目的

为拓宽科普渠道，促进少先队员海洋科学素养的全面提升，培养少先队员关心海洋、认识海洋、经略海洋、建设海洋强国的意识，经过少先队活动课教研小组的认真备课、沟通，推出"向海，向未来"主题少先队活动课。活动课旨在将海洋科技成果、海洋科学知识传播给少先队员，将"爱海洋、爱家乡、爱祖国"的意识融入活动课程，并通过贯穿活动课程始终的仪式教育，帮助少先队员进一步认识少先队组织，增强少先队员的自我认同感。

参与中队

画韵书香联合中队、向阳成长联合中队、科体先锋联合中队、艺海扬帆联合中队。

活动形式

聆听讲座、主题研学、寻访调查、分队汇报。

活动流程

1.召开大队委会议，在辅导员的启发协助下，各联合中队少先队员代表各抒己见，围绕"向海，向未来"主题，运用发散思维锚定海洋强国战略、海洋经济产业、海洋文化资源、海洋生态文明等探索方向，确定寻访对象、参观基地，明确总体活动方案及责任分工。

2. 少先队员根据海洋发展讲座预告，广泛搜集学习资料，记录疑问以待询问专家；共同设计"小青燕"特色红领巾奖章，争章、争做好队员的内驱力倍增；结合所在中队专业特点，准备参观寻访时的素材采录工具，如画具、笔记本、录音设备等。

3. 大队辅导员与各联合中队辅导员结合少先队员身心发展特点，将少先队员共同讨论的结果整理形成活动方案。联络海洋发展专家、科研人员等校外辅导员，沟通相关事宜。辅助少先队员整理活动资料、物料，组织引导少先队员开展活动。

∴ 台前幕后

⊆ 创作手记

本次少先队活动课，不但让少先队员们收获满满，也为我提供了一次难能可贵的学习机会，给我带来了许多的震撼与感悟。从海洋牧场到大国重器，浩瀚、神秘的大海带给人类无尽的资源，同时，也不断成就着人类的创新、梦想与价值，带给人们丰富的情感和思想。

科技是衡量一个国家实力的重要指标，而海洋科技正是当今世界所重视的重要科技。这次活动课，让少先队员们对海洋科技的重要知识有了初步的了解，对深海科学考察有了更直观的感受，对国家在海洋科技领域的深入研究与成就有了进一步了解，体会到当今祖国科技的强大，为我国海洋科学研究和日新月异的发展感到自豪。

"向海，向未来"活动课注重三个思想引导关键点。第一个关键点是突出增强少先队员的自主意识。以少先队员为主体，引导少先队员自主完成实践探究。此次活动全程由少先队员自主策划实施，少先队员们在辅导员的协助下，选定实践基地、寻访对象，并以"关心海洋、认识海洋、经略海洋"为线索展开材料搜集，同时发挥专业优势，对学习成果的汇报形式加以设计，如实景速写、模型展示、专题播报、渔号演唱等，充分发挥了主观能动性。

第二个关键点在于强调培养少先队员的海洋意识。以协同育人为抓手，引导少先队员亲海、护海。通过聆听海洋发展专家讲座、寻访海洋医药科研人员、对话海岛人民感悟精神等课程内容，唤起少先队员海洋意识，将海洋强国的国家战略、海洋强省的区域战略扎根在少先队员对海洋的认知中，激励他们形成未来服务蓝色经济、弘扬海洋文化的坚定决心和持久动力。

第三个关键点在于着重培育少先队员的家国意识。以榜样精神为牵引，引导少先队员矢志报国。通过近距离观察国之重器，聆听渔民号子，少先队员深刻感悟大国工匠"执着专注、精益求精、一丝不苟、追求卓越"的工匠精神与老一辈英雄先烈"海岛为家、艰苦为荣、祖国为重、奉献为本"的老海岛精神，加深对祖国的海洋产业事业发展不易的体会，增强责任感与使命感，明确自身成长方向，为建设海洋强国贡献力量。

少先队活动课应富有启蒙和浪漫的精神，注重少先队组织的"教育摇篮"功能。通过集体活动和活动集体的建设，将少先队员的潜在力量转化为现实力量，实现自我教育、自我发展和自我成长的目标。以沉浸式、体验式、互动式的方式引导少先队员了解家乡海洋开发新成就，加深他们与家乡海洋经济文化的亲密接触，培养队员热爱家乡、建设家乡的美好情感。因此，因时制宜、因地制宜、因人制宜三个原则缺一不可。

因时制宜是首要原则。建设海洋强国是实现中华民族伟大复兴的重大战略任务，2022年，山东启动新一轮海洋强省建设行动，打造海洋高质量发展战略要地。通过开展少先队活动课程，对少年儿童进行爱国主义教育、海洋意识教育，能够有效激发孩子们爱家乡、爱祖国、爱自然的情感。

因地制宜是基础保障。基于过往科普讲座、研学活动，烟台市青少年宫少先队大队与"耕海1号"海洋牧场综合体平台等校外实践教育研学基地建立了友好联系，依托本地丰富的海洋教育资源，活动课得以顺利组织和开展。

少先队活动课通过营造情境、创设条件、运用资源、构建关系，引导少年儿童在星星火炬旗帜的带领下主动参与各种实践活动，从而凝聚和锤炼自我教育、自我成长、自我发展的力量。

因人制宜是活动落脚点。少年儿童正处于人生观、价值观塑造的关键时期，枯燥深奥的海洋知识和思想政治教育的内容形式经过教研组整合后变得生动有趣，再通过授课老师深入浅出地讲解，辅以新颖丰富的活动，更易于被孩子们接受，能够激发他们对海洋宝库、高新产业科技、本土特色文化的好奇与兴趣，进而培育海洋意识，厚植家国情怀，最终具备新时代共产主义接班人所必需的核心素养。

活动回放

生活的课堂不只在学校，一路风景，步履不停。走出校门，去探索未知世界。9月20日，几位联合中队辅导员老师带领多名少先队员来到了烟台"海洋牧场"海上研学基地，开启了此次海洋研学之旅。

大队辅导员特邀校外辅导员、烟台市海事局指挥中心执法员王老师为队员们讲授海洋发展主题队课。蓝色海岸，海洋牧场，海洋药谷，还有大国重器……王老师生动有趣的讲述让少先队员们振奋不已，也激发了大家自主探索的热情和好奇。

校外辅导员老师为少先队员讲授队课

四个联合中队结合专业特点，确定了海洋寻访任务。

画韵书香联合中队探秘海洋牧场，队员们通过海上垂钓体验、VR 体验等亲身感受到科技创新带给传统海洋渔业的变化和发展。

校外辅导员指导画韵书香联合中队少先队员写生

向阳成长联合中队寻访生物"药谷"，与科研专家面对面对话，了解近年来海洋生物医药研发方面的丰硕成果，科技报国的种子在孩子们的心中生根发芽。

校外辅导员带领向阳成长联合中队少先队员做实验

科体先锋联合中队走进工厂车间，近距离观察"蓝鲸1号"、海上风电安装船等大国重器、船舶模型，近距离感受大国工匠精神。

校外辅导员向科体先锋联合中队少先队员展示航模

艺海扬帆联合中队参观长岛海洋生态文明展览馆,触摸自然脉搏,了解了长岛独特的海洋自然生态系统和生态环保知识,树立"绿水青山、生态兴岛"的理念。

艺海扬帆联合中队少先队员参观海洋生态文明展览馆

把大海搬到画纸上

伴着朝阳的金色光芒,我们踏上前往耕海1号海洋牧场的旅途。

碧海、蓝天、阳光,享受海天一色的畅爽与辽阔,远远望去,牧场就像碧蓝大海中的一颗珍珠,坐快艇大概要十几分钟能到达牧场,近处一看,牧场就像一个气势磅礴的钢铁巨兽,矗立在大海中央。将如此庞然大物楔入大海里，建造师是有多么大的智慧！

海风迎面扑来，空气中都弥漫着快乐的气息。队员们高举队旗，鲜红的旗帜在蔚蓝的海平面上迎风飘扬，显得格外耀眼。快艇靠岸，画韵书香联合中队安全到达海中央，少先队员们已经兴奋不已，迫不及待走进海洋牧场展示厅。

蓝色的墙体挂满了漂亮的灯饰，展示几十种不同的海洋生物，简直就是一个海洋科普馆。沿着通道往里走，讲解员带大家参观了生动有趣、五彩斑斓的海洋先进科技，立体环绕海底让联合中队的孩子们身临其境地感受着深海这一神秘的未知世界。

5D技术体验吸引着孩子们的眼球，让在场参观的学生惊叹不已。队员们玩了钓鱼游戏，体验了VR。每到一处大家都认真体验，细心观察，在聆听讲解和动手操作的过程中，学习掌握了科学知识，体会领悟了科技魅力，在一片欢声笑语中，大家结束了海洋牧场展厅的参观和体验。

接下来，我们来到了环绕立体教室，正式开启写生研学活动课。首先由联合中队辅导员王红亮做绘画专业指导，为队员们进行写生前的讲解和示范，引导队员们正确构图，捕捉牧场结构特点和画法，小队员们聚精会神地听着，学习得非常认真。接着进行室外海景写生。甲板上，队员们与辅导员老师一起创作，共同绘出自己心中的海洋。这样的作画还是他们的第一次"实战体验"。从构图到下笔，王老师为每一位队员进行了现场指导，并鼓励队员们把心中所想都呈现在画作中，把对蓝色海洋的希望与祝福都融在线条和色彩中。

别具一格的水彩体验课

在如此生动的"教室"里为少先队员们带来生动有趣的水彩体验课，对于辅导员王老师来说，也是执教生涯中难得一遇的美妙经历。看着队员们跃跃欲试的状态，看着他们纷纷迫不及待地拿出画笔，将看到的海洋生物在画纸上表现得栩栩如生，王老师真正体会到，所谓的艺术，就是在自然生活中发现美并表现美，发现一些细节，去渲染表达，呈现出来的视觉感受。从小培养少年儿童的审美意识，打造具有竞争力的人才，才是美育的真正意义所在。

海洋牧场可以满足队员们对海洋的所有期待和向往，完成了甲板上的写生，一行人便跟随工作人员来到环幕餐厅，灯光、环幕等演绎，仿佛置身海底，水母、鲸鱼等各种鲜活的海洋生物形态各异，引得队员们欢呼雀跃，他们更是怀着强烈的好奇心，忍不住试探性地伸手触摸，这一切太美妙了。"快让我们张开双手、细细感受，与海洋精灵们来场美丽的邂逅吧！"王老师引导大家。

在现场，队员们大胆想象，交流讨论，把自己对海洋的美好希望绘在画卷上。一幅幅充满童真的画，绘出了队员们梦想中海洋的纯净与美丽，也更坚定了大家保护海洋环境的决心。最后，队员们在海上采摘平台赏鱼、垂钓、观光、留影,尽情体验耕海牧渔的乐趣。

美妙的旅程在依依不舍中落下了帷幕。通过参观海洋牧场,学习海洋科学知识,队员们零距离接触了大自然,充分领略了苍茫大海展现的无穷魅力。

钻进"蓝鲸"的肚子里

初秋的烟台,晴空万里,微风习习。科体先锋联合中队辅导员祁好和队员们怀着激动而好奇的心情于9月23日前往中集海洋工程研究院,近距离了解大国重器"蓝鲸1号"。

在路上队员们开始了热烈的讨论:"蓝鲸1号是什么样子的?""叔叔阿姨是怎样把它修建在大海里的?""这个庞然大物是怎样进行钻井开采的?""开采过程中会不会伤害到海洋生物呢?"……带着这些疑问,大家来到了中集海洋工程研究院。

走进展厅,少先队员们立刻被这里的海洋工程模型吸引住了,一座座海洋工程平台模型激发着大家的好奇心。当来到"蓝鲸1号"展台前面,队员们参观的热情被彻底点燃了,东瞅瞅,西望望,争先恐后地提出各种问题。通过讲解员老师的耐心解说,队员们了解到半潜式钻井平台"蓝鲸1号"重达42 000吨,平台长117米,宽92.7米,甲板面积相当于一个标准足球场大小。平台高118米,最大作业水深3 658米,最大钻井深度15 240米,适用于全球深海作业。"蓝鲸1号"能抵御12级以上的台风,可谓是真正的"定海神针"。讲解员满怀自豪地向队员们介绍,与传统单钻塔平台相比,"蓝鲸1号"配置了高效的液压双钻塔和全球领先的DP3[1]闭环动力管理系统,可提升30%作业效率,节省10%的燃料消耗。"蓝鲸1号"作为目前全球新

---

[1] DP:动力定位系统Dynamic Positioning System 的简称,DP3级是国际海事组织的最高动力定位级别。

一代超深水半潜式钻井平台，创造了可燃冰试采两项全球之最，代表目前世界海洋钻井平台设计建造的最高水平，将我国深水油气勘探开发能力带入世界先进行列。

少先队员们临摹海工平台模型

了解了这些知识之后，队员们的脸上也都洋溢着自豪的神情，大家为祖国海洋工程取得如此辉煌的成就而感到骄傲，同时对为祖国海洋事业作出贡献的海洋科学工作者感到由衷的敬佩。

你听，海的声音

少先队员们在辅导员的辅助下，发起了海洋知识宣讲及净海行动。他们自发以各种方式和途径宣讲海洋知识、弘扬海洋文化，化身红领巾小小讲解员，面向观海听潮的市民、游客进行海洋知识宣讲、发放爱海护海倡议书。

回到学校后，少先队员们用笔记录下了自己的感受，字里行间无不流露出被科技之光深深震撼的情绪。孩子们在深切感受祖国强大的同时，也在心里种下了一颗梦想的种子——希望长大后用自己的知识进行海洋工程研发，也能设计建造出像"蓝鲸1号"这样的大国重器，为祖国的海洋事业作出贡献。

汇报交流会上，队员们通过音、画、讲、演，交流着自己的收获和感悟，并不约而同地表示想要让更多人参与到爱护海洋的队伍中来，让更多人听到"海的声音"，让家国情怀深入骨髓、融入血液。

少先队员们在汇报交流会上展示学习成果

画韵书香联合中队的队员张钰淇向大家展示了自己题为《拥抱蓝色海洋》的水彩画,这是在她现场速写基础上修改、上色完成的作品。她说,浩瀚海洋是生命的摇篮,充满着神秘色彩的海底世界给人无限的遐想。开展海洋牧场建设,在利用海洋资源的同时,又保护了海洋生态系统,日益改善的海洋生态环境,吸引了众多海洋生物在这里栖息。

"我做了一个梦,梦到我们中队的同学们一起漫步海洋,乘坐潜艇,畅游海底,领略万千海洋生物。这就是我创作这幅画的思路。"

小队员们进行作品展示

科体先锋联合中队的队员高漠桐举着自制的迷你版"蓝鲸1号"模型与大家分享自己的心得:在参观海上钻井平台时,我感受到了祖国高科技的飞速发展。科技真的很神奇,作为一名小学生,虽然现在我作不了什么贡献,但我会好好学习,希望长大后我也能成为一名大国工匠,进行海洋工程的开发研究工作,设计建造出像"蓝鲸1号"这样的大国重器,为祖国作贡献。

"今天，我做了一个关于海洋的手工。我的手工是以蓝色海洋为背景，还包括了各种各样的鱼类、贝类和沙滩上的石头。"说话的是艺海扬帆联合中队仝益嘉同学，"大海是蓝色的世界，也是生命的摇篮，蕴藏着丰富的自然资源。大海的一切都是那么井然有序、那么美好。"

说到这里，仝益嘉停顿了一下，声音略低沉了一些，接着说道："但是，许多地区的海水不再清澈，海水浴场的环境也令人担忧。为了我们的家园，我们应当行动起来。我在此倡议大家，要保护海洋环境和资源，不随手丢垃圾；看到地上有废纸、塑料瓶等垃圾就捡起来丢进垃圾桶，不使用一次性餐盒、筷子、勺子等。让我们一起保护环境吧！"

李佳润是向阳成长联合中队的一员，她随队采访了东诚药业的工作人员。"在叔叔阿姨的讲解下我了解到，东诚药业的科学家们，将鱼鳞、鱼骨等海洋产品，经过各项工艺，研制生产出硫酸软骨素原料药，用于心血管疾病、关节病的防治，缓解了许多患者的病痛。我感受到科技力量的强大，能够将原本是废料的鱼鳞、鱼骨，变废为宝，制成治病救人的药物，所以我要更加努力地学习，掌握更多的知识本领，长大后也要通过科技的力量，进行更多的发明创造，为人们的健康生活贡献自己的力量。"

∴ 活动后记

此次少先队活动课抛弃了传统的"教室模式"，重点挖掘少年儿童生活中的浪漫元素，通过形式新颖有趣的实践活动，将政治启蒙和价值观培养转化为少年儿童自我教育的积极力量，引导少先队员积极热情地逐梦而行、向美而行。

我深刻意识到作为校外教育工作者肩上的责任与使命，要培养好祖国的花朵和未来的接班人，帮助他们从小树立科学思想和科学态度，培养他们的探索精神，还要充分发挥少年儿童的自主性，培育海洋意识，弘扬海洋文化，培养爱海、护海好少年。

活动案例二

"童声传薪火"
——校外少先队红色主题队课

∴ 活动背景

"妈妈说,现在已经是春天。不久便会风过南北,花开满山。我站在烟台的海岸,眺望着江水蜿蜒……"深情款款的童声朗诵让每一位观众动容。这是烟台市青少年宫"童声传薪火"红色主题队课中的感人一瞬。

为团结引领广大青少年听党话、感党恩、跟党走,烟台市青少年宫于2022年8月12日上午9点30分举办"童声传薪火"红色主题队课活动。共青团烟台市委、烟台市少工委等相关单位协同参与此次活动,共同厚植青少年的爱党爱国情怀,引导、帮助青少年迈好人生第一个台阶。

本次主题队课以课堂互动的方式进行,共有12个节目,以诗朗诵、器乐演奏、情景表演、故事讲述及隔空对话等方式展现,旨在打造属于孩子们的沉浸式课堂。表演者均为烟台市青少年宫在籍学员,包括市青少年宫"小青燕"艺术团成员。辅导员老师以旁白者的身份为孩子们梳理重要历史事件的发展脉络,讲解节目所反映的时代背景及精神内涵。

方案展示

活动目的

2022年是一个极具历史意义的时间节点，我们联合多家单位推出"童声传薪火"红色主题队课，旨在依托历史发展的脉络，充分调动青少年的能动性，借助音乐、舞蹈、诗文朗诵、故事讲述等多种艺术展现形式，加深青少年对党的发展历程及思想体系的体会与理解，用实际行动传承红色基因，让星星火炬代代相传。

参与人员

2022年2月，我们面向少年宫学员及全社会的少年儿童招募主持表演、器乐演奏等爱好者，经过面试选拔进入培训学习，最终选拔出优秀学员近百人，经过暑期集中排练，共择优选出28位优秀少年儿童参与本次主题队课录制。

节目形式

1. 跨越时空来见你——同龄的你我对白
2. 我述即我感——红色故事交流会
3. 经典咏传唱——红色诗歌朗诵会

活动流程

1. 8月2日，完成队课场地三楼综艺厅的布置；

2. 8月2日至10日，完成节目走台、前期拍摄、队课预告推送；

3. 8月5日前，完成主讲教师校外中队辅导员的聘任工作；

4. 8月11日13：00前，完成灯光安装；

5. 8月11日14：30，带灯光彩排；

6. 8月12日10：00，录播、演出。

∴ 台前幕后

⋐ 活动回放

讲好党的故事

"丁零零——"上课铃声响起,少年队员们陆续走进教室并坐好。两束追光打在舞台桌上的实体红船模型之上。中队辅导员娄笑萍走进教室,伴随着坐在第一排的班级中队长张素玉同学一声洪亮的"起立",全班少先队员集体起立,向辅导员娄老师问好。娄老师整理了一下胸麦,深情地诉说着:"队员们,现在是我们的队课时间,今天这堂队课,让我们一起来学习党史!了解党史,学习党史,能够帮助我们增强民族自信心和自豪感,从小树立远大志向,成长为有知识、有品德、有作为的时代新人。"

"大家看,我手里握着的是一艘船的模型。"娄老师举起手中的船模,少先队员们齐齐看向它,眼神中充满好奇。"确切地说,它是一艘画舫,享有一个永载中国革命史册的名字——红船,成为中国革命源头的象征。"今天的队课,娄老师就从这艘红船讲起。

娄老师话音刚落,武明洁同学清脆的朗诵声旋即接上:"一条游船,劈开了南湖的波浪,十几个热血青年,在运筹一个红色的理想,那船原本不是红色的,船内燃烧的热情把它染红,就成了一个红色的会场……"她朗诵的是诗人孙文路的作品《红船,从南湖起航》。小小的红船,开启了中国历史的崭新篇章。

讲好党的故事,能够在少先队员的心底实实在在地打上中国烙印。

表演情景剧《小萝卜头》

朗诵《乳娘》

朗诵《生命的冰雕》

辅导员引导着全体少先队员追溯党的时间发展线索，从中共一大到南昌起义，从红军万里长征到成功反抗帝国主义侵略，在中国共产党的领导下，无数先辈不惧流血牺牲，只为捍卫民族尊严。1949年中华人民共和国成立，又推进了历史发展的进程。时代的车轮见证了三大改造的完成、科技领域的进步、改革开放的潮流等等，无数人义无反顾地投入建设和改革中。鲁迅曾说："无穷的远方，无数的人们，都和我有关。"要想深刻了解历史，故事是最平铺直叙的载体。

红色主题队课促使青少年群体研读红色经典，深化对故事发生年代背景的理解，从而实现内心情感的共鸣。让少年儿童成为课堂的主体，通过聆听和讲述红色经典故事，激发他们的爱国情感。活动结束后，参与队课的少先队员立下铮铮誓言：我们会追随前辈们的足迹，努力学习科学文化知识，长大后投身祖国建设，为实现中华民族伟大复兴贡献力量。

讲述故事《永远的九岁》

◐ 花絮故事

把故事讲给更多人听

第一课后，红色主题队课又走进了烟台市的三所小学，把红色故事讲给更多人听。根据8月12日首堂队课后小观众们的积极反馈，结合小学场地特征等现实条件,实行"灵活化磨课"与"个性化点餐"相结合的送课模式,精心调整优化队课设计,确保课程内容既引人入胜,又发人深省。

此外,教研组的辅导员老师们将主题队课内容进行精炼修改,带领少先队员们走进建昌社区、山东工商学院等场所,把红色故事讲给更多人听。少先队员们充分发挥主动性,化身红领巾讲解员,围绕新时代十年的伟大变革,以人民群众听得懂、记得住、喜闻乐见的方式,讲故事、话心得、谈收获,用朗朗的童声演绎了《红船,从南湖起航》《播火者李大钊》《摘星星的妈妈回家了》《我们属于新世纪的明天》等九个激荡心灵的宣讲节目,引发了大家的强烈共鸣。

红领巾讲解员的旗帜飘扬在社区

红领巾小小讲解员们准备出发

由红色教育资源的接受者变为传播者,红领巾讲解员们对于自己这一身份转变激动不已。小讲解员杨朝竣说道:"知道我们要来为爷爷奶奶、叔叔阿姨、哥哥姐姐们宣讲党史知识的那一刻,我感到了强烈的使命感,希望中国故事、中国声音能传播得更远!"

红领巾讲解员刘蔚蒽揪着衣角,红扑扑的脸蛋写满了骄傲:"今天我参加了红领巾讲解员走进高校的活动,作为一名光荣的少先队员,我给大学里的哥哥姐姐们讲述了我准备了三周的红色故事,大哥哥大姐姐给了我很多掌声,鼓励我,让我觉得又温暖又自豪,也不紧张啦!我心里想,是无数先烈用自己的鲜血和生命换来了我们今天幸福的生活,我也要好好学习,长大像优秀的大哥哥大姐姐们一样努力成才!"

在建昌社区的宣讲结束后,现场一位党龄三十多年的老党员热泪盈眶地谈到,听完孩子们的宣讲后,对祖国的下一代充满了信心。"今天这些系着红领巾的'小老师'即将成为我们民族复兴的中坚力量,他们的蓬勃朝气鼓舞着我发挥余热,为社区群众谋幸福。"

社区居民为精彩的宣讲喝彩

2021年10月1日,第19期《求是》杂志发表了习近平总书记的重要文章《用好红色资源 赓续红色血脉 努力创造无愧于历史和人民的新业绩》。文章强调:"红色是中国共产党、中华人民共和国最鲜亮的底色,在我国960

多万平方公里的广袤大地上红色资源星罗棋布，在我们党团结带领中国人民进行百年奋斗的伟大历程中红色血脉代代相传。"在我们的日常生活中，一个又一个感人至深的红色故事也被深情传颂着。大学生志愿者宣讲员带来作品《胶东黄金密运简介及英雄人物》《胶东黄金密运中的崎岖道路》，再现了胶东烽火岁月，完整还原了历史，展现了当代大学生严谨治学的态度，让红领巾小小讲解员们大开眼界、啧啧赞叹。大手拉小手，薪火永相传。

"今天这堂课太生动了，我特别喜欢，让我既接受了红色教育，知道了胶东黄金秘密运输的艰辛不易，又特别感动于红领巾小朋友们一个个感情真挚的红色故事，让我回忆起我系着红领巾懵懂聆听'国旗下演讲'的那段时光了。"山东工商学院公益慈善学院大学生观众张晨曦说，"我一定会明确自身时代使命，将个人命运同国家民族的命运紧紧联系在一起，不负党和人民的期盼，高擎民族精神的熊熊火炬，努力成为堪当民族复兴重任的新时代青年。"

红领巾讲解员走进高校

∴ 活动后记

习近平总书记在全国高校思想政治工作会议上发表重要讲话。他强调，要用好课堂教学这个主渠道，思想政治理论课要坚持在改进中加强，提升思想政治教育亲和力和针对性，满足学生成长发展需求和期待。因此，红领巾讲解员跟大学生红色志愿者宣讲员携手，为社区、学院的广大党员群众带来一堂特殊又新颖生动的思想政治课，旨在探索一种崭新的思政教育模式：让少年之声在高校传承，在历史中寻找方向和节点；让少年之声在高校放大，在时代中寻找和声和共同点；从童声到高校之声、从少年到青年，共同携手，讲好革命故事，讲好红色故事，讲好新时代的中国故事。

接下来，烟台市青少年宫将继续创新校外育人路径，充分发挥校外教育培训资源优势，扎实推进"送队课进校园""送队课进社区"项目，将深入浅出、内涵丰富的精彩课程送到少年儿童身边，送到人民群众身边，进一步扩大党建带团建、团建带队建的辐射效应，以实际行动助力少年儿童健康成长。同时，发挥红领巾讲解员的力量，引领党员群众沉浸式学习领会党的创新理论，深入理解内涵，精准把握外延，传承红色薪火，形成同心共圆中国梦的强大合力。

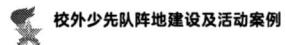
校外少先队阵地建设及活动案例

活动案例三

"少先队员心手相牵 红色基因代代相传"
——"流动少年宫日"走进乡村小学

∴ 活动背景

流动少年宫活动一直是烟台市青少年宫的一项传统活动。烟台市青少年宫以聚焦政治启蒙和价值观塑造为己任,不断创新传承红色基因的载体和形式,秉承公益普惠理念,依托活动育人方针,为少年儿童提供丰富多彩的服务内容,构建校内校外有机协同的育人平台。

2021年10月13日是中国少年先锋队建队72周年纪念日。为深入开展"我为青少年办实事"系列活动,发挥校外教育阵地辐射功能,满足新时代少年儿童校外教育多元化需求,让更多孩子享受优质的校外教育资源,根据中国青少年宫协会"情暖童心"共青团关爱儿童工作部署和山东省青少年宫协会"助力'双减',服务基层月"系列活动安排,烟台市青少年宫走进福山区回里小学,以"少先队员心手相牵 红色基因代代相传"为主题,举办了"流动少年宫日"活动,为500余名同学带来了一场诚意十足、内容丰富的活动盛宴。

本次"流动少年宫日"活动为同学们送去了舞蹈、美术、书法、主持等课程，将党史教育、少先队礼仪等内容融入其中，帮助同学们在生动有益的活动中受教育、得启示、获成长，一步一个脚印，践行红色精神，传承红色基因。

∴ 方案展示

✉ 活动目的

为深入学习贯彻习近平总书记关于少年儿童和少先队工作的重要论述，深入贯彻落实《中共中央关于全面加强新时代少先队工作的意见》和全国少工委八届二次全会精神，烟台市青少年宫以聚焦政治启蒙和价值观塑造为己任，不断创新传承红色基因的载体和形式，开展"流动少年宫日"主题活动。

✉ 活动时间

2021年10月13日13：30—15：50

✉ 参与单位

1. 主办单位：山东省青少年宫协会

2. 承办单位：烟台市青少年宫

✉ 活动内容

（一）党史队课

1. 开展党史教育。由青少年宫教师高艳萍为小学高年级的学生开展一堂党史教育课，传递红色基因，陶冶孩子们的情操，帮助他们树立正确的世界观、人生观、价值观。

2. 学习少先队知识，重温少先队礼仪。由青少年宫教师孙育妍向少先队员讲授相关礼仪知识，进行专业的礼仪动作示范，加深少先队员对少先队组织及礼仪知识的理解和认识，增强队员们对少先队组织的自豪感及认同感，加强少先队校外阵地建设。

3. 开展红领巾宣讲员宣讲活动。由青少年宫教师江秀娟、王冬梅向孩子们宣讲红色文化，老师们精心准备了富含红色精神的党史、团史、队史经典事例和生动故事，以此为抓手，撒播红色种子，传承红色基因。

（二）艺术课程

根据学校需求，精选送教项目，让孩子们拓展知识、增长见识、产生兴趣并亲身体验，实实在在有收获。

1.舞蹈专业。授课教师：王丽；参加人员：学过舞蹈或者擅长舞蹈的孩子。

2.美术专业。授课教师：刘漪明；参加人员：学过美术或者擅长美术的孩子。

3.书法专业。授课教师：王彦；参加人员：学过书法或者擅长书法的孩子。

4.器乐表演。授课教师：曲东义、邹德；参加人员：对器乐（如口风琴、葫芦丝）感兴趣的孩子。

5.主持表演。授课教师：吴欣欣；参加人员：学校朗诵社团的成员。

6.合唱表演。授课教师：时阳周；参加人员：喜欢唱歌的孩子。

（三）其他活动

1.体育游戏

设计适合服务对象年龄段、接受能力的体育项目，可分为"展示＋教学"两部分，增加体育活动的趣味性。授课教师：宋丹、于震东、刘魏、张明辉；参加人员：学校2—5年级部分孩子。

2.趣味游戏

内容设置为适合服务对象年龄段且易于接受的竞答项目，保证游戏的知识性、趣味性。授课教师：李辉、仇丽洁；参加人员：1年级学生。

要求：紧紧围绕红色主题开展活动，比如教唱一首红色歌曲，讲述一个红色故事，书写一首红色诗词，学跳一支红色题材舞蹈等。

3.根据学校实际需要，向学生赠送书籍等学习物资。

活动流程

1.组建领导小组

组长：王军智

成员：（排名不分先后）曲东义　江秀娟　潘鲁宁　李辉　孙育妍

高艳萍　刘漪明　王颜　邹德明　王丽　吴欣欣　时阳周　宋丹　于震东
刘魏　张明辉　徐晨　谢存志　王冬梅　周波　朱宏熙　张艺达　仇丽洁

2.提前准备。各部门按照要求，统一安排部署，在课程设置上，根据学校需求，科学配备学习项目；在教学流程上，围绕"传承红色基因"精心准备教案，强化内容落实；在专业服务上，实行统一着装，统一行动。

3.进行交流探讨。授课结束后，根据专业特点，授课教师与学校负责教师，对授课内容、教学策略和方法进行探究和交流，互相学习，共同提高。

4.做好新闻宣传。拟邀请烟台日报社参与新闻宣传。活动过程留好图片、视频资料，做好活动前、后期的宣传推广工作。

∴ 台前幕后

∈ 花絮故事

胸前的一抹红

2021年10月13日，烟台市青少年宫在宫内大厅举行了启动仪式，并向参与此次"流动少年宫日"的教师团队授旗。

"流动少年宫日"教师团授旗仪式

抵达回里小学后,少先队员代表向市青少年宫各位领导老师敬献红领巾。

回里小学的学生代表向少年宫老师献红领巾

青少年宫副主任张晓红、福山区教育和体育局副局长夏翠青致辞,福山区回里小学校长赵守成发表讲话,并向青少年宫赠送锦旗。

福山区回里小学校长赵守成向青少年宫赠送锦旗

这次的流动少年宫日活动,老师们不但带来了丰富多彩的体验课程,还向回里小学赠送了一批优质图书,希望同学们能跟随红色书籍的指引,传承红色基因,汲取前行力量。

少年宫老师向回里小学赠送图书

老师们戴上鲜艳的红领巾，都感慨万千，红领巾陪伴着长在红旗下每一代人的少年时光，如今红领巾又陪伴着老师们的工作时光。青少年宫的老师们与红领巾有着特殊的情愫，高艳萍来时说："戴上红领巾的那一刻，就能记起大队辅导员说的话，'红领巾是红旗的一角，是用无数烈士的鲜血染成的，象征着革命的胜利。少先队的队礼，右手五指并拢高举过头，表示人民的利益高于一切'。红领巾对于每一名青少年宫的老师来说都是一份沉甸甸的责任！"

丰富的课堂

学习一堂党史，重温一次队礼，聆听一段故事……党史学习课上，来自群文活动部的老师们以经典生动的党史故事、专业规范的队礼示范，悄然将红色火种播撒开来。回里小学的同学们在互动中收获党史知识，在轻松的氛围中感受红色精神。课后同学们纷纷表示，要把今天学到的知识和礼仪带到学习、生活中去，争做新时代的好少年！

江秀娟老师讲队课

红领巾讲解员王润涵为同学们讲红色故事

活动中,山东省"同心向党"红领巾巡讲团成员、烟台市优秀红领巾讲解员王润涵为回里小学一年级的同学带来红色故事《鸡毛信》《为中华之崛起而读书》,同学们听后备受鼓舞。

市青少年宫不同专业的十余名优秀教师分别带来了声乐、主持、美术、书法、舞蹈、器乐、体育等艺术体验课程,同学们根据自己的兴趣爱好,积极参与到不同的课程当中,在丰富多彩、形式多样、寓教于乐的课堂活动中尽情遨游,开阔了视野,增长了见识,点亮了艺术梦想。

王丽老师舞蹈课堂

于震东老师武术课堂

李辉老师美术课堂

流动少年宫教师合影

∴ 活动后记

活动结束时，回里小学大队辅导员王水玉老师表示："非常感谢烟台市青少年宫此次'流动少年宫日'活动能走进我们回里小学，对孩子们来说这是特别难得的学习机会。同学们在体验优质的校外教育课程的同时，也收获了满满的快乐。"

此次"流动少年宫日"活动，烟台市青少年宫首次推出"你点单，我服务"的送教模式，通过充分调动全体师资力量、整合优质教学资源，列出公益体验活动清单，学校根据需求"自主点单"，让送教服务更精准、更暖心。

接下来，在"双减"这一新形势、新要求下，烟台市青少年宫将持续发挥"流动少年宫"品牌效应，定期走进学校送课程、送服务、送爱心，构建校内校外协同合作新模式，以实际行动和影响力助力少年儿童健康成长。

活动案例四

"红领巾爱学习"

——校外少先队的开学第一堂队课

∴ 活动背景

说起"开学第一课",大家第一个想到的应该就是中央电视台的那档公益节目了。节目自2008年起都会在新学年伊始与全国的中小学生见面,邀请来自各行各业的专家学者、榜样楷模共上一堂主题鲜明、富有特色、生动有趣的"第一课"。这档节目的热播也在全国各级各类学校掀起了开展"开学第一课"的热潮,在每学年开始前为孩子们打造一堂内容丰富、干货满满的"第一课"成为每个学校、每位老师的头等大事,当然,对校外少先队工作者来说,为少先队员们打造开学第一堂队课也已然成了传统。

2020年开学季,为传承国学经典,更好地让少先队员了解中华优秀传统文化,感受中华优秀传统文化的魅力,我们设计并开展了一场"国学开学礼",以朱砂启智、击鼓鸣志、启蒙描红、茶敬亲师之礼完成了"开学第一堂队课"。在庄严肃穆的氛围中,引导孩子们感受先贤志存高远、明德笃行的精神,践行感恩立志、尊师重礼、爱国明孝,做中华优秀传统文化的传承人!

2021年,我们将"安全"定为开学第一堂队课的主题。通过丰富多彩的活动、生动有趣的创作,为孩子们带来了开生面的开学第一课,切实推进少年儿童安全教育工作。

2022年,因为一些特殊原因,青少年宫少工委的开学第一堂队课推迟到了11月份。此时,党的二十大已经胜利闭幕,因此,开学第一堂队课我们精心设计,以学习党的二十大精神为主要内容,邀请老中少三代讲解员为广大少先队员上了一堂别出心裁的思政课。

∴ 方案展示

⊆ 活动目的

为积极引导少先队员正确理解党的初心和使命,深刻感悟党的伟大成就,在实践行动中学习领会党的二十大精神,从小听党话,感党恩,跟党走,群文活动部拟举办红领巾爱学习——开学第一堂队课活动。

⊆ 活动时间

2022年11月19日14:30—16:30

⊆ 活动地点

综艺活动厅

⊆ 参与人员

1. 烟台市青少年宫向阳成长联合中队辅导员及全体少先队员

2. 烟台市青少年宫红领巾预备营成员

3. 山东省委二十大精神宣讲团成员、市教育局退休老干部于大卫

4. 山东省"同心向党"红领巾巡讲团团员

⊆ 活动流程

1. 各小队(含预备营)整队依次入场,按预先安排的座次入座。

2. 大队辅导员孙育妍宣布队课开始。

（1）学习贯彻党的二十大精神山东省委宣讲团成员、市教育局退休老干部于大卫爷爷为少先队员宣讲红色故事。

（2）三名山东省"同心向党"红领巾巡讲团成员为少先队员讲述党的故事。

（3）山东省"同心向党"红领巾巡讲团教师高艳萍带领少先队员学习党的二十大的有关知识。

3. 少先队员代表向全体少先队员倡议：讲述党的故事，争做优秀队员。

4. 队课结束。

∴ 台前幕后

⊆ 活动回放

2021，安全第一课！

为增强师生的安全防范意识，提升安全教育效果，主持表演专业的辅导员老师与少先队员们共同创作了《安全拍手歌》，作为安全教育第一课的主要内容。歌曲内容紧紧围绕少年儿童学习生活中的用电安全、消防安全、逃生安全等安全知识，对孩子们进行安全知识教育、习惯养成教育等，学习安全知识，倡导文明行为，树立安全意识，让少年儿童认识到学习安全知识的重要性。

安全拍手歌

你拍一，我拍一，

同学家长请注意，安全防护要牢记。

你拍二，我拍二，

防火灾消隐患，源头控制是关键。

你拍三，我拍三，

电老虎真凶险，开关按钮莫乱动。

你拍四，我拍四，

追逐打闹不应当，磕碰受伤要避免。

你拍五，我拍五，

不蹦台阶不推搡，扫帚拖把别乱舞。

你拍六，我拍六，

上下楼梯要有序，乘坐电梯莫拥堵。

你拍七，我拍七，

窗户栏杆莫攀爬，不听劝阻有危险。

你拍八，我拍八，

多通风来勤洗手，身体不适早报告。

你拍九，我拍九，

公共场所莫吸烟，火灾隐患要警醒。

你拍十，我拍十，

遵章守纪当标兵，争做安全小卫士。

《安全拍手歌》宣传片截图

不仅是歌词朗朗上口，主持表演专业的少先队员们在歌曲宣传片的表演也生动形象、诙谐有趣，在开学第一堂队课中给同学们留下了深刻印象。

2022,思政第一课!

少年智则国智,少年强则国强。秋季班开学首日,烟台市青少年宫向阳成长联合中队开展"红领巾爱学习"——开学第一堂队课活动,为中队开展学习党的二十大系列活动拉开了序幕。

刚刚参加完山东省委二十大精神宣讲团骨干培训班的市教育局退休老干部于大卫,为队员们讲述了中国共产党在烟台市芝罘区奋斗的光荣历史。

少先队员们沉浸在英雄的革命故事里,全神贯注,屏息凝神。红色血脉无声地在隔代传递。

全神贯注的少先队员

中队也特邀红领巾预备营的孩子们参加了此次活动。虽然年龄还小,但他们目光炯炯,专注认真,稚嫩而又坚毅的脸庞表现出了他们坚定的信念。

随后,是三位山东省"同心向党"红领巾巡讲团成员、烟台市优秀红领巾讲解员带来的演讲。少先队员王润涵带来了《禾下乘凉梦万千》,声情并茂地讲述了袁隆平用毕生努力发展杂交水稻的故事;少先队员崔德轩带来了《燃灯校长——张桂梅》,饱含深情地讲述了张桂梅历尽波折创办全国第一所全免费女子高中的故事;少先队员赵磐带来了《致敬最美太空教师王亚平》,

铿锵有力地讲述了王亚平以坚强意志逐梦星辰大海的故事。

王润涵带来《禾下乘凉梦万千》

崔德轩带来《燃灯校长——张桂梅》

赵磐带来《致敬最美太空教师王亚平》

山东省"同心向党"红领巾巡讲团辅导教师、烟台市青少年宫红领巾讲解团教师高艳萍带领少先队员分享党的二十大知识。

高艳萍老师为少先队员讲解二十大知识

少先队员衣梓菡代表烟台市红领巾讲解员向在座的少先队员以及烟台市的所有少先队员发出倡议：从小学先锋，长大做先锋。我们要以今天的活动为契机，主动从书本上、网络里、生活中，了解更多党的奋斗故事，用自己喜欢的方式，把它们分享给更多的朋友和伙伴，带领他们从先锋模范身上汲取力量，健康成长为让党放心的"红孩子"。

习近平总书记在党的二十大报告中指出：党用伟大奋斗创造了百年伟业，也一定能用新的伟大奋斗创造新的伟业。新时代少先队员将是新的伟业的创造者、建设者。后续，市青少年宫向阳成长联合中队将继续开展形式多样的主题教育活动，用少先队员们喜闻乐见的活动形式，筑牢少先队员的思想根基，引领少先队员努力学习，刻苦锻炼，全面发展，早日成为祖国奋进新征程上的主力军！

∴ 活动后记

少先队队课是开展少年儿童思想政治教育的重要渠道和有效载体，是少先队员们的必修课。队课倡导在辅导员的指导帮助下，充分发挥少先队员的主体作用。此次的"开学第一堂队课"，我们抓住了党的二十大胜利召开这一契机，打破了以往"辅导员老师讲，少先队员们学"的传统方式，以"老、中、少"三代共上一堂课的形式，让少先队员们不光听老党员讲、听辅导员讲还能听同辈少先队员讲，有效拉近了少先队员们与少先队组织的距离，增强了他们的光荣感和自豪感。

　　少年辛苦终身事，莫向光阴惰寸功。习近平总书记在中国少年先锋队第八次全国代表大会上对广大少先队员提出殷切期望，勉励"广大少先队员在少先队这所大学校里立志向、修品行、练本领"。希望少先队员们能紧握历史的"接力棒"，珍惜美好生活、树立远大理想、磨砺过硬本领，把握正确的人生方向，时刻准备着，为中国梦献出一份力量。无论是在校内还是在校外，上好"开学第一课"都至关重要。校外少先队活动阵地是中国少年先锋队这所大学校的重要组成部分，要充分发挥实践育人优势，创新校外育人路径，帮助少年儿童打好人生底色。

第四章

春风化雨：
不怕困难，不怕敌人，
顽强学习，坚决斗争

春风化雨：不怕困难，不怕敌人，顽强学习，坚决斗争

本章节活动以培养新时代少先队员"道德品行、精神品质"等核心素养为目标，从道德养成活动入手对少年儿童开展教育。

道德养成的目标是培育和践行社会主义核心价值观；传承中华传统美德；继承党的优良传统和革命道德；弘扬新时代公民道德；养成规则意识、纪律意识；在集体中学会团结协作、学会服从大局、学会奉献；培养集体利益高于个体利益的意识，为形成公私分明、先公后私、公而忘私、大公无私的共产主义道德奠定基础；坚持人民至上，牢记人民的利益高于一切，培育全心全意为人民服务的精神。

道德养成的主要内容包括社会主义核心价值观；中华优秀传统文化和中华传统美德，新时代社会主义公民道德等基本道德品质；革命烈士、英雄人物、时代楷模、道德模范的故事和精神品质学习与实践；集体主义道德原则，人民利益高于一切的意识，全心全意为人民服务的精神；遵守规则、遵守纪律的实践等。

活动案例一

"牵手同行 点亮希望"
——"红领巾共建希望小屋"爱心义卖

∴ 活动背景

爱心如冬日暖阳,使饥寒交迫者感受温暖;爱心如沙漠绿洲,使陷入绝境者看见希望;爱心如美妙天籁,使孤苦失落者得到抚慰。爱心义卖是一种以慈善为目的的义卖活动,它通过售卖捐赠物品的方式筹集资金,并将所得收益捐赠给社会公益事业。爱心义卖不仅是社会爱心的具体体现,也是社会文明的集中表现。

2019年11月20日,在希望工程实施30周年之际,习近平总书记作出寄语:"进入新时代,共青团要把希望工程这项事业办得更好,努力为青少年提供新助力、播种新希望。"为深入贯彻落实总书记重要寄语精神,2020年,共青团山东省委在全省16地市推广"希望小屋"儿童关爱项目,提出"利用三年时间,建设2万间'希望小屋'"的工作目标。烟台市积极响应,计划三年建成不少于600间"希望小屋"。2020年6月,根据团山东省委安排部署,团烟台市委启动实施"希望小屋"儿童关爱项目,针对无独立居住和学习环境的8至14岁困境儿童,依托原有住房隔断打造独立学习生活空间，并配套爱心志愿者结对帮扶，探索物质帮扶与精神帮扶相结合模式，促进实现从"小屋焕新"到"精神焕彩"的转变。

2021年，共青团烟台市委把"希望小屋"项目作为"我为青年办实事"主题实践活动的必选项目。为帮助更多的困境儿童改善学习生活环境，共青团烟台市委联合烟台市青年企业家企业管理协会等组织和机构，倡议广大市民自愿参与"共建烟台希望小屋"行动，鼓励社会各界爱心企业、爱心人士积极广泛参与"共建烟台希望小屋"项目，组建小战队，也可以以集体或个人名义捐赠小屋并命名。

∴ 方案展示

⊆ 活动目的

"六一"儿童节即将到来，为使少年队员度过一个难忘且有意义的儿童节，引导少先队员参与爱心公益启蒙活动，在实践中养成热心公益、关爱他人的良好品质，并在实践中增强少年队员的节约意识，锻炼少年队员的表达能力、沟通能力、应变能力，烟台市青少年宫于5月22日上午，在青少年宫二楼大厅举办"牵手同行 点亮希望——'红领巾共建希望小屋'爱心义卖"活动。

本次爱心义卖活动，举办方鼓励队员们废物利用，将个人闲置的八成新以上的玩具、书籍、文具等用品进行义卖，并将收入所得作为"爱心基金"捐赠给"希望小屋"，帮助有需要的少年儿童改善居住条件和学习环境。

⊆ 活动单位

主办单位：共青团烟台市委、烟台市少工委

承办单位：烟台市青少年宫

协办单位：烟台XX孕婴用品有限公司

⊆ 活动时间

2021年5月22日9：00—11：00

⊆ **活动地点**

烟台市青少年宫二楼大厅

⊆ **参与对象**

市区 6—12 岁少先队员 50 人

⊆ **报名方式**

微信接龙报名

⊆ **活动安排**

（一）前期准备：

1. 参与报名。本次活动将招募小摊主 50 名。微信报名成功者即可成为小摊主。

2. 商品准备。小摊主准备的商品应丰富且有意义：可以是读过的图书，用过的学习用品，玩过的玩具，也可以是自己的创作的书画作品，或者自己的小发明、小制作，还可以是自家有特色的闲置用品（食品除外）。用过的物品要求八成新以上，无破损。

3. 摊位布置。每个摊位为一张长宽高约为 1.2 米、0.6 米、0.8 米的长条桌子。摊位由小摊主自行设计布置，小板凳、收纳盒等需自备。

4. 摊位宣传。建议小摊主提前为自己的物品制作醒目的宣传标语或海报。

5. 台账准备。提前准备好商品清单，标注好价格。准备好零钱和账本，记录好每一笔收入和支出。

（二）活动流程：

1. 布置摊位。8：30—9：00，小摊主到青少年宫二楼大厅大集集口签到，领取摊位号，入市布置摊位。

2. 观看节目。9：00—9：10，小摊主在浪花岛观看关于"希望小屋"项目原创情景剧《我想看到你的笑脸》。

3. 自由交易。9：16 义卖活动正式开始。自由交易期间，为让小摊主得到充分锻炼，交易过程中，家长不得参与卖方。

4. 少先队员捐赠。少年队员捐赠义卖所得。

5. 少先队员合影留念。

∈ 社会公示

活动结束后7日内,烟台市青少年宫将通过烟台少先队、烟台市青少年宫公众号进行捐赠明细公示。本次活动中所有进行爱心捐款的少先队员将获得由山东省青少年发展基金会颁发的电子证书,获得烟台市少工委、烟台市青少年宫颁发的爱心证书。

∴ **台前幕后**

∈ 活动回放

学习用品、生活用品、手工作品、玩具……伴着此起彼伏的叫卖声,5月22日上午,烟台市青少年宫爱心大集又开市了。活动由共青团烟台市委、烟台市少工委主办,烟台市青少年宫承办,所有爱心义卖所得都将赠与烟台"希望小屋"项目。义卖现场,少先队员们或拿出物品参与交换,或无偿捐款,3个小时共筹集善款2 300余元。活动由群文活动部王冬梅老师主持。

"爱心大集"活动现场

爱心义卖活动主持人王冬梅老师

8点半，很多红领巾小摊主已经迫不及待地把准备好的物品摆放整齐，准备开集。

红领巾小摊主们在主持人的带领下，一起观看了"希望小屋"资料片、市青少年宫原创情景剧《我想看到你的笑脸》。小摊主们深受感动，纷纷表示今天要鼓足干劲，争取多卖货、多捐款，帮助这些生活困难的小伙伴们。

热闹的"爱心大集"

9点16分，义卖正式开始，大集市上人来人往，热闹非凡；商品种类繁多，琳琅满目。孩子们、家长们流连于各个摊位，欣赏、挑选、讨价还价，兴趣盎然。小摊主们将义卖物品整齐地摆放在摊位上，以便吸引更多少年儿童寻找自己需要的物品。更多的孩子带着学习用品及玩具等，流连在各个摊位前挑选自己喜欢的物品，用自己带来的东西跟小摊主置换。有的小摊主为了"招揽生意"大声吆喝着，有的通过彼此介绍成了朋友。玩具、书籍和自制手工艺品这些原本被闲置的物品，经过爱心义卖，重新焕发活力，为更多的少年儿童带去了快乐。

为筹集更多的善款，红领巾小摊主们可谓"八仙过海，各显神通"。有的巧花心思布置摊位，有的现场演示附加解说，有的直接带货到其他摊位"上门"营销……通过这次义卖活动，小摊主们既锻炼了沟通表达能力、应变能力，又传递了爱心与责任，实现了个人的成长与蜕变。

"爱心赶集人"扫码捐款

创意摊位

接受采访的红领巾小摊主

"金钱有价,爱心无价"。付出一份爱心,带来一缕温馨。义卖接近尾声,红领巾小摊主积极捐赠义卖所得善款,活动现场暖意融融,爱心满满。

最后,群文活动部江秀娟部长、协办单位经理为所有捐赠的少先队员颁发了爱心证书,并为此次活动中表现突出的10名少先队员颁发了"带货小达人"证书。

合影留念

"六一"前夕,团市委、市少工委、市青少年宫以及协办单位的工作人员将带着爱心物资一起看望"希望小屋"项目所关爱的孩子们,为他们送去节日的祝福。

◎ 花絮故事

难忘的爱心义卖

上午8点,顾不上吃早饭,少先队员邢万里便匆匆忙忙地坐上公共汽车来到烟台市青少年宫,参加"牵手同行 点亮希望——烟台市'红领巾共建希望小屋'"爱心义卖活动。

来到活动现场,琳琅满目的商品就让他眼花缭乱。小邢迫不及待地来到摊位前,将准备好的物品逐一摆放出来。在摆放物品时,他是讲究策略的,尽量把一些好卖的物品放在显眼的位置,这样生意就会好些。

刚坐下来，就迎来了第一位顾客，她看中了一个大海螺，乐得小邢心花怒放。只见这位阿姨的女儿对妈妈说："妈妈，我想要这个海螺。"小邢急忙说："好呀，这可是我从海南带回来的纪念品，原价可要20元呢！如果你喜欢，我可以给你打对折。等一下，你是我的第一位顾客，开张大吉，我想给你再打对折，5元钱，行吗？"母女俩一听，顿时高兴极了，爽快地答应了。这时，又有几名顾客来到摊位前。在她们的共同推销帮助下，小邢的贝壳和饰品被一扫而空。可是，其他物品好像有些不大受欢迎。正在这时，小邢听到附近店铺的小卖主们叫卖声此起彼伏，他鼓起勇气，也学着他们的样子吆喝起来。

"走过路过，不要错过！"

"价廉物美，包您满意。"

果然，顾客渐渐多了起来，小邢的其余物品也逐一售罄。

邢万里分享他的心得："这次义卖的成功，很多经营的策略和灵感来自前不久我看过的一套书。它让我学会了畅销和非畅销物品可以搭售，买东西可以免费体验美食大餐，买多了可以多打折扣等经营策略。"

义卖活动结束了，邢万里拿着赚到的钱去捐款。他想，应该献出自己的一份爱心，传递一份温暖。同时，他也明白了爸爸妈妈挣钱很不容易，平时要注意勤俭节约。

❖ 活动后记

这场爱心活动对于孩子们来说是一次独立的、自主的、充满爱的旅程，孩子们在不知不觉中播撒下爱心的种子，用自己的爱心善举为他人送上温暖。

本次爱心大集活动现场，市青少年宫联合希望工程办公室设立了捐款区，小摊主们把在大集上的义卖收入都捐赠给了希望工程，为有需要的孩子送去温暖。

5月28日，团市委、市青少年宫等一行，专程到栖霞、莱阳看望"希望小屋"的孩子们，在"六一"前夕，为他们送去企业捐赠的爱心物资，让他们感受到节日的祝福和温暖。

当天上午9点，工作人员一行抵达栖霞栖彩驿站，进行爱心物资捐赠。栖彩驿站负责人表示，他们一定将爱心物资送到每一个"希望小屋"的孩子手中。

随后，大家前往莱阳的一户"希望小屋"家庭，为他们送去爱心物资。莱阳团市委副书记邹红瑜给大家介绍了莱阳"希望小屋"的建设情况，并对爱心企业的热心捐赠表示衷心感谢。

我们相信，在社会各界爱心人士的关心和帮助下，这些孩子一定会拥有越来越好的学习生活环境，一定会拥有越来越阳光快乐的心态，也一定会更加勤奋上进、懂得感恩，早日成长为对社会和国家有用的人才。

将希望点亮，将爱心绵延。公益虽小，但却能给人带来源源不断的希望。"爱心大集"作为烟台市青少年宫品牌公益活动，将继续为"希望小屋"进行募捐。在此，市青少年宫诚邀更多的爱心企业和少年儿童参与其中，为我市的"希望小屋"建设贡献一份爱心和力量。

活动案例二

"童心协力 共战疫情"

——少年儿童抗疫在行动系列活动

∴ 活动背景

2020年初,新冠疫情来袭,全国上下进入了一场没有硝烟的防疫战。在那段时期,烟台市青少年宫上下齐心实现了"停课不停学"、"战疫"教学两不误的工作状态。青少年宫的教职工们个个能歌善舞、能写会画,平日里他们为孩子播撒艺术的种子,为青少年的校外教育事业努力奋斗。在这段特殊的日子里,烟台市青少年宫开设了网上青少年宫微学堂、网上青少年宫防疫展厅等网上活动课程,自2020年到2022年连续三年为少年儿童提供学习机会和展示平台。在教师们独特的课程和精心指导下,烟台市区的少年儿童创作了儿童画、国画、书法、手抄报、快板、诗歌、剪纸、海报、作文、视频等多种形式的艺术作品,内容极为丰富,孩子们以画寄情、以歌达意、以书传心,留下了很多令人感动的画面。这些作品温暖人心,鼓舞士气,传播正能量,从方方面面展现了社会各界携手同心、战胜疫情的坚定信心。

疫情防控期间,烟台、黄冈两地少年儿童共同举办"鲁鄂少年手拉手争做新时代好队员"——2020年庆"六一"云演出活动,两地儿童手拉手守望相助，在活动中结下了深厚的友谊。市青少年宫教师李泉也为抗击疫情创作歌曲并教授学生，让学生们用歌声传递抗疫决心，温暖人心。

∴ **方案展示**

2020年，为保证广大青少年儿童在家"停课不停学"，在抗疫期间保持良好健康的心理状态，市青少年宫开展了系列活动，各活动具体方案如下：

活动方案一　网上青少年宫防疫展厅

⋐ 活动目的

为认真学习贯彻落实习近平总书记关于坚决打赢疫情防控阻击战的重要指示精神，结合疫情防控的新形势、新情况，市少年宫经研究决定，打造网上防疫展厅，旨在激发孩子们的学习兴趣、展示疫情防控期间的教学成果，为广大少年儿童提供优质的展示平台。

⋐ 活动时间

2020年3月起

⋐ 参与人员

烟台市区全体少年儿童

⋐ 活动内容

1. "抗疫防控"主题征稿美术作品选
2. "防疫抗疫　宅家上学"征文展示
3. "童声抗疫　朗润童心"美文诵读活动优秀作品展

⋐ 活动流程

"抗疫防控"主题征稿美术作品选

1. 作品要求

（1）创作内容

以"抗疫防控"为主题，内容向上、积极健康，传播众志成城的伟大抗疫精神。引导广大少年儿童用书画创作的形式，描绘担当冲锋、生命至上、举国同心、舍生忘死、尊重科学、命运与共的精神，展现疫情中少年儿童听从指挥、加强锻炼、讲究卫生、积极向上的精神面貌，引领少年儿童正确科学地面对疫情。

作品须为原创和原作，每位参赛者限投2件作品。

（2）作品类别

绘画作品：儿童画、卡通画、漫画（单格或多格）、线描、国画、装饰画、电脑绘画等。

书法作品：软笔书法和硬笔书法。

（3）尺寸

绘画作品不小于4开。

软书书法作品不小于4尺3裁，硬书书法作品不小于16开，软书书法作品可进行装裱。

2.投稿要求

（1）作品照片清晰完整不杂乱，大小不超过5MB，图片重命名为作者姓名、年龄、作品名称。

（2）集体投稿的请填写集体参赛作品统计表，并统一文件夹，每张照片重命名要求如上。

（3）作者同意将展示权、使用权归主承办单位所有。

3.活动流程

（1）作品征集

2020年3月—5月

（2）作品评选

按组别选择优秀作品

（3）作品展示

选取优秀作品在烟台市青少年宫微信公众号"网上青少年宫防疫展厅"进行展示。

"防疫抗疫 宅家上学"征文展示

1. 活动对象

小学一至五年级学生

2. 作品要求

（1）征文主题：

防疫抗疫 宅家上学

（2）征文时间：

2020 年 3 月 2 日—3 月 31 日

（3）内容要求：

结合自身经历，写自己的事，写身边的事，内容健康，能够表达出真情实感。必须坚持原创，文责自负。

3. 征集方式

以"征文+孩子姓名+年级+作文题目"为邮件主题，发送到邮箱：sdytqsng***@163.com。稿件内容包含：① Word 文档——习作题目+作者年级、姓名+正文+教师点评（学生个人投稿也可无教师点评）+联系方式。②学生横版生活照片一张。

※ 温馨提示：一、二年级的同学可以提交图文相结合习作。

4. 评选表彰

烟台市青少年宫公众号、烟台市全民阅读公众号"书香润烟台"将定期刊登优秀学生习作。对于作品发表在公众号的同学，我们将邀请其参加"努力吧，中华少年"第一届烟台市少年儿童读书节系列活动总结表彰大会。

"童声抗疫 朗润童心"美文诵读活动优秀作品展

1. 活动对象

全市 6 周岁以上少年儿童及其家人

2. 题材选择

（1）细致观察生活的原创文章；

（2）富含哲理的小故事；

（3）语文课本中的经典美文；

（4）您所喜爱的唐诗宋词；

（5）励志、向上文章中的优美段落；

（6）其他体裁类型新颖、有创意、体现童真童趣的作品。

3. 录制要求

（1）要求语言流畅，吐字清晰，感情投入，感染力强。

（2）可加入背景音乐、乐器演奏、舞蹈、书法等辅助手段。

（3）视频长度控制在 2 分钟左右。

（4）视频格式不限，竖屏。

（5）提交的作品要求画面清晰、色彩艳丽，声音和画面同步，声音要求无失真、噪声、杂音等干扰，音量稳定。

4. 征集方式

本次活动采用网络征集的方式进行，请将视频投稿至 8050*****@qq.com，邮件标注"诵读作品"，请注明作品名称、朗诵者相关信息（所学专业、姓名、联系方式、是否原创等），并提交亲子生活、诵读场景电子照片各一张。

5. 评选表彰

每周推出 8 个左右优秀作品，通过主流媒体渠道进行推送、展播。活动评选分最佳原创及诵读表演一、二等奖若干，由主办单位颁发荣誉证书，以资鼓励。

活动方案二 "鲁鄂少年手拉手 争做新时代好队员"——烟台、黄冈少年儿童2020年庆"六一"主题活动

◎ 活动目的

孩子是祖国的未来,明天的希望。党和政府非常关心少年儿童的健康成长,高度重视为孩子们创造安全、稳定、良好的环境,让他们沐浴在党的阳光下,茁壮成长。2020年,全国人民上下同心、守望相助,烟台、黄冈两地少年儿童也结下了深厚的友谊。在共青团烟台市委、共青团黄冈市委、烟台市少工委、黄冈市少工委的关心和呵护下,两地少年儿童手拉手度过了一个充实快乐、意义非凡的"六一",为今后的成长之路留下一段美好的记忆。

◎ 活动时间

2020年6月1日

◎ 参与单位

1. 主办单位:共青团烟台市委、共青团黄冈市委、烟台市少工委、黄冈市少工委

2. 承办单位:烟台市青少年宫

◎ 活动内容

1. 形式:线上直播

2. 内容:围绕"致敬抗疫英雄""家国情怀""传统文化""生命教育"等几大主题,烟台、黄冈两地少年儿童通过歌曲、舞蹈、朗诵、魔术、武术表演等多种形式,携手致敬抗疫英雄,弘扬爱国主义精神,传承红色基因,共树文明新风,争做新时代好少年。

◎ 活动流程

1. 联系组织单位,确定节目数量和内容。

2. 规定录制视频的格式和大小。

3. 根据节目内容确定节目出场顺序。

4. 制作片头、片尾、电子节目单。

5. 联系拍摄场地和拍摄团队。

6. 进行拍摄和后期制作。

7. 网络播放。

∴ 台前幕后

∈ 活动回放

青少年美术作品中的抗疫画面

自烟台市青少年科普防疫文创作品征集以来,得到了各市区青少年的积极响应,他们各展身手,踊跃投稿。这些作品形式多样,内容丰富,主要包括儿童画、书法、手抄报、剪纸、海报等,这些作品温暖人心,鼓舞士气,传播正能量,表达了社会各界携手同心、战胜疫情的坚定信心。下面分享几组少年儿童的绘画书法作品,有些作品寄来的同时还附带着孩子们纯真的话语,这些作品和留言为抗击疫情增添了温暖色彩。

陈高沅作品《同心协力战疫情》

高绮悦作品《抗击疫情 使命有我》

赵铭轩作品《积极预防》

第四章
春风化雨：不怕困难，不怕敌人，顽强学习，坚决斗争

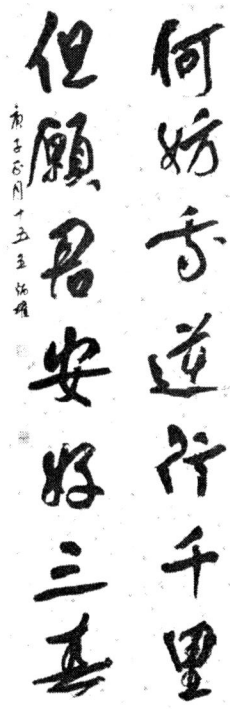

王炳权软笔书法作品

高建平作品《众志成城抗击疫情》

"在这次疫情中不仅仅有这些美丽的医护工作者们,还有各行各业的人们为了保障医护用品的数量,保障湖北省多个城市的居民日常生活必需品而有力的出力有钱的出钱,让我感受到社会主义大家庭的温暖,一方有难八方支援!"——高健平留言

"我现在能够做到的只有预防感染,此次疫情正值春节期间,走亲访友能使疫情扩散,对爷爷奶奶姥姥姥爷科普疫情扩散的危害性,这个春节不走亲戚是对自己的负责也是对别人的负责。做好个人卫生防护,勤洗手,必要时可佩戴口罩;多通风透气,避免到封闭、空气不流通的公共场所和人多集中地方;如有发热、呼吸道感染症状,特别是持续发热不退,及时到医疗机构就诊。"——赵铭轩留言

鲁鄂手牵手 云上庆"六一"

孩子是祖国的未来,明天的希望。2020年,面对一场突如其来的新冠疫情,全国人民上下同心、守望相助,携手抗击新冠疫情,烟台、黄冈两地少年儿童手拉手在抗击疫情中结下了深厚的友谊。

"鲁鄂少年手拉手 争做新时代好队员"活动片头

烟台市芝罘区潇翔小学刘子涵、曹宸赫、唐玮宏
演唱原创歌曲《写给天使的歌》

两地师生将抗击新冠疫情中的所观所学、所思所行,通过原创歌曲、快板等形式演绎出来,向先锋榜样致敬,立志"从小学先锋,长大做先锋",弘扬爱国主义精神。

黄冈市黄州思源实验学校夏铉卿表演快板《众志成城抗疫情》

◉ 幕后花絮

原创抗疫歌曲，礼赞最美逆行者

烟台市青少年宫的青年党员教师李泉用时四天，独自完成了歌曲《最美逆行者》的词曲谱写、编曲制作，在党建办的指导协助下完成了MV剪辑工作。李泉说："谨以此歌，致敬奋斗在抗疫前线的医护人员与志愿者，致敬不辞辛劳线上授课的教职工同事，并鼓舞在疫情中守望相助的所有人怀有希望——正如歌词里所写的那样——神州大地终将回归安详。"

李泉老师在创作中

李泉的创作想法萌生于居家隔离期间的一次上门核酸检测。医护人员给自己做完咽拭子之后，匆匆道别，急急忙忙地赶往下一户人家。望着医护人员的背影，他有了写一首歌的念头。"收到隔离通知的那天，我不免乱了阵脚，看到挨家挨户采集核酸的医护人员，步履不停，黑眼圈藏在防护镜下，顿时觉得自己的焦躁情绪显得矫情了。"谈到创作初衷时，李泉感慨道。医护人员扶危渡厄的担当令他钦佩，因此想利用隔离在家的时间，将感激的心情记录在歌曲里，传递给更多人。扎实的专业基础，附加一腔的热血，让李泉一气呵成创作完成了歌曲《最美逆行者》。

"特别感谢每一位工作者、志愿者的付出。作为一名党员，因为隔离在家,有些遗憾没能跟着我们青少年宫的大部队亲身前往社区参加志愿服务。我想通过这首原创歌曲,尽一点绵薄之力。"李泉说。

家里没有专业录音设备,李泉用手机和电脑完成了简单的录制。艺术蕴涵着惊人的能量,随后李泉老师把这首《最美逆行者》教给青少年宫学员,在学员中广为流传。

李泉老师的课堂

李泉衷心希望,《最美逆行者》这首歌曲能作为青少年宫若干教育成果的一个组成部分,真正起到鼓舞士气、振奋人心的作用。相信经过不懈奋斗,我们会凝聚力量逆流而上,共克时艰!

∴ 活动后记

2020年新春,突如其来的疫情让我们的生活变得与往常不太一样。在宅家防疫抗疫的这段时间里,我们感受到了同学们、老师们面临疫情,"战疫"学习两不误、临危不惧的精神,这种别样的居家学习生活经历,一定给广大少年儿童带来了别样的感受,注定会在孩子们童年的成长记忆中留下浓墨重彩的一笔。市区的青少年们将这段别样经历中的小故事、小思考、小收获以画笔、文字、歌曲等形式记录下来,让更多的人分享他们的故事,感受他们的成长。

活动案例三

"敬榜样 学先锋 传家风"
——青少年学习先进模范主题教育活动

∴ 活动背景

在当今社会,青少年心里的榜样都有谁?青少年最关注榜样的什么特质?长久以来,榜样教育、模范教育一直是对青少年进行道德教育的有力抓手。新时代校外教育工作者面临的重要挑战是,如何能使模范教育焕发新的生机和活力,提升模范教育对青少年的感染力。

美德是精神宝藏,榜样是民族脊梁,传承是使命担当。中华文化源远流长,中华美德代代相传,诸如孔融让梨、子路负米、黄香温席等美德故事,以及"先天下之忧而忧,后天下之乐而乐""天下兴亡,匹夫有责"、自强不息、艰苦奋斗等尚德思想,在今天仍具有重要的教育意义。榜样力量汇聚江河,品格光芒照耀万丈。模范教育能够加强青少年思想文化引领,讴歌文明新风,展现当代青少年热爱祖国、热爱党、热爱生活、争当美德少年的精神文明风貌。

第四章
春风化雨：不怕困难，不怕敌人，顽强学习，坚决斗争

∴ 方案展示

⊆ 活动目的

为了进一步加强青少年理想信念教育，以身边道德模范人物为标杆，激励青少年继承和发扬优良传统，号召他们从自身做起，从小事做起，学习道德模范，做一个文明有礼的人。

⊆ 活动时间

2021年4月—2022年4月

⊆ 活动地点

烟台市青少年宫

⊆ 邀请嘉宾

1. 孔德娟：烟台市芝罘区奇山街道公厕保洁员、道德先锋志愿服务队队长。曾荣获全国道德模范提名奖、山东省道德模范、烟台市道德模范。2017年，她当选为第十七届烟台市人大代表、第十三届山东省人大代表。

2. 李红新：全国技术能手、五一劳动奖章获得者。从事电力工作20多年来，创造了10kV线路等电位带电作业的纪录，成为国内10kV线路等电位带电作业的第一人；并先后研制新式带电工具10项，荣获了全国电力行业技术能手、全国电力系统劳模等多项国家级、省级荣誉。

3. 孙志辉：曾获全国劳动模范、山东省首席技师等各级荣誉称号二十多项。他多次突破性地解决生产技术难题，各种技术创新与改进30余项，使焊接生产效率平均提高4.5倍，产值提高5.5倍；他努力打破行业壁垒和专业瓶颈，为公司进军化工、核电、船舶等新领域作出了突出贡献。

⊆ 活动流程

1. 第一阶段：学习道德模范，感受榜样力量

烟台市青少年宫特别邀请烟台市道德模范孔德娟老人与青少年一起分享自己的成长历程，让道德模范崇高精神走进青少年的心灵，传递社会正能量。

2.第二阶段：致敬凯旋英雄，传承航天精神

烟台市青少年宫向阳联合中队少先队员围绕神舟十三号航天之旅进行艺术创作，启迪航天梦想，少先队员们或描绘烟台航天员王亚平形象，或展示航天英雄工作场景，充分发挥想象力，制作出一系列的优秀作品，通过稚嫩的笔触向航天英雄致敬。

3.第三阶段：品悟劳模风采，书写最美华章

五一劳动节即将来临之际，共青团烟台市委、烟台市青少年宫组织开展"劳动最光荣，奉献最美丽"市区少年儿童向身边劳模学习活动，帮助少年儿童树立正确的劳动观，向高素质劳动者目标挺进。

4.第四阶段：弘扬善美家风，根植传统美德

华夏文明光辉灿烂，而经典作品更是浩若烟海，红色家风是前辈对我们无声的嘱托，更是每一个后来者都应牢记的行为准则和行为规范。"红色家风助我成长"美文分享活动，让青少年的思想与经典相伴、与名家同行。

∴ 台前幕后

⊆ 活动回顾

学习道德模范，感受榜样力量

8月23日上午，烟台市青少年宫组织的"学习道德模范，感受榜样力量"青少年主题教育活动在三楼综艺厅举办。50多名青少年参加了活动。

活动邀请了烟台市孝老爱亲道德模范孔德娟来到现场。孔德娟以自己的亲身经历为素材，向青少年介绍了自己和脑瘫儿子的艰辛成长历程，揭示了她和她的道德先锋服务队的服务宗旨——奉献爱心。为了服务社会，2013年孔德娟组建了"道德先锋志愿服务大队"，先后开展各类志愿服务80余场次，服务群众600余人。

道德模范孔德娟的励志课堂

孔德娟通过励志课堂中"身残志坚——让生命闪闪发光"和"爱伴我成长"两个发生在身边的故事，号召广大青少年认真学习、敢于担当、服务社会，并鼓励他们树立远大理想，朝着目标坚持不懈、努力前行。

活动过程中，孔德娟还亲切地与同学们就"怎样做一个无私奉献的人"等话题展开互动。同学们争相发言，谈感受、找差距，认为学习道德模范，就是要像他们那样，实实在在做事，无怨无悔、不求回报，坚持做好每一件事。"通过今天的活动，我感触很深。我要努力学习，克服困难，将来回报社会。"贾思琦说道。大家你一言，我一语，交流着道德模范给自己带来的感动，感受着道德模范榜样的力量。孔德娟的模范事迹深深感动着现场每一位听众，宁兆成的妈妈情不自禁地站起来号召大家向老人鞠躬致谢。

认真聆听孔德娟奶奶讲故事的孩子们

通过活动，孩子们与道德模范面对面，近距离地交流，孔德娟老人的现身说法，默默地在青少年心里埋下一颗爱心奉献的种子，传递了社会正能量，丰富了青少年课外生活。

致敬凯旋英雄，传承航天精神

2021年10月16日凌晨，神舟十三号载人飞船发射，成功将翟志刚、王亚平和叶光富三位航天英雄送往太空。整理"房间"、收拾"行李"、锻炼身体、熟悉返航流程……在上演了一幕幕"宇宙级浪漫""世界级惊艳"后，为期最长的"太空出差"也进入尾声，神舟十三号"出差三人组"进入"回家"倒计时！

德国著名哲学家伊曼努尔·康德说过：世界上有两样东西能深深震撼心灵，一是我们心中崇高的道德准则，二是我们头顶无边的灿烂星空。星空浩瀚无比，探索永无止境。看着神舟飞船一次又一次地成功对接浩渺宇宙，作为见证者，每一个孩子都心潮澎湃，更为家乡的英雄感到自豪。他们身上的这种执着追求、永不言弃的航天精神，也是青少年今后学习的榜样。

"神舟十三号载人飞船马上就要返回地球了，各位少年队员们，你们激动吗？烟台航天员王亚平阿姨的太空授课，你们都看过了吗，是不是特别神奇？"向阳联合中队辅导员老师王冬梅引导队员们，"作为新时代的少年队员，让我们一起动手，制作非遗作品，向航天英雄致敬。"

少先队员展示自己的绘画作品《太空畅想》

知道航天英雄即将回家，烟台市青少年宫向阳成长联合中队的少先队员们非常开心，3名航天员在"天宫课堂"中展现的神奇实验至今为他们津津乐道。特别是"太空教师"王亚平，她是烟台福山人，更加激发了少先队员们的自豪感，也让他们对神舟十三号的返航更加期待。

品悟劳模风采，书写最美华章

4月24日上午，全国技术能手、全国五一劳动奖章获得者李红新，以及全国劳动模范、山东省最美劳动者孙志辉，与50名市区少年儿童面对面分享了他的成长经历和感人事迹，并与少年儿童进行了互动交流。

活动一开始，李红新以"将'第一'代代相传"为题，用质朴的语言讲述了他是如何在电力岗位上从一名平凡的技工一步步成长为岗位能手、行业专家、全国劳动模范的心路历程。李红新在讲述自己工作经验的过程中还穿插了一些与现场孩子们的互动环节，让现场的孩子提问一些相关的用电方面的安全问题，李红新幽默地一一予以解答，赢得了现场孩子们的笑声和掌声。

少先队员为孙志辉系上红领巾

活动中，劳动模范孙志辉作为烟台市冰轮集团压力容器厂的一名普通电焊工，讲述了自己在一线默默工作，19年把好质量关的平凡事迹。他说自己既然选择了这一行，就应该尽其所能把工作做好，凡事不能光靠力气，遇事应该多琢磨思考，工作中要有钻劲、韧劲。经过不懈努力，孙志辉现在已经成为一名出色的技术能手，先后获得了国家级、省级、市级等多种荣誉称号。

短短的两个小时里，李红新、孙志辉用平凡感人的事迹和生动的例子赢得了在场少年儿童的阵阵掌声。轻松愉悦的两小时活动很快就结束了，相信参加今天活动的少年儿童一定会在两位劳动模范讲述的工作经历中，找到值得自己学习的地方，在今后的学习生活中，以"劳模精神"为榜样，不断成长，不断进步。

弘扬善美家风，根植传统美德

"天下之本在国，国之本在家，家之本在身。"家风家训是一个家族的传统文化和做人立身的行为准则，它不仅是一种道德教化，更是一种精神力量。在这丹桂飘香的金秋十月，"红色家风助我成长"经典美文朗诵会线下活动在烟台市青少年宫五楼多功能厅如期举办，百余名热爱传统文化、热爱诵读的小"朗读者"在这里大展风采。

朗诵会现场，大家围绕有关孝、勤、和、美、廉、善、诚、俭等家风内容的经典诗文展开，有的家庭注重以德立家、以德治家；有的家庭注重文化兴家，也有的家庭以学树家……整个活动精彩纷呈、温馨有爱。于佳鹭、鹿起畅、徐莺心同学带来作品《家风诵》，他们朗诵时而慷慨激昂，时而平缓抒情，声情并茂、感情充沛。让现场观众深深地领略到了家风家训的魅力。

"红色家风助我成长"经典美文朗诵会

李金煊、林钰淇共同演绎了《百善孝为先》，讲述温情家庭生活，倡导和弘扬"尊老爱幼、邻里互助、清洁生态"的文明家风，提升家庭文明素养；韩昊宸、朱琳、初军成、徐静懿、邹积滨、于昊宸等同学以或铿锵或抒情的语言表达，与大家共同分享了家庭生活廉悟、古今名人廉事等积极健康向上、弘扬正能量的小故事；《我希望》《回声》《可爱的中国》等精彩朗诵，也博得了阵阵热烈掌声。

∈ 活动花絮

致敬航天英雄，送上暖心寄语

在中华民族的奋进史册里，飞天勇士叩问苍穹无疑是精彩的篇页之一。少先队员们在"特别能吃苦，特别能战斗，特别能攻关，特别能奉献"的载人航天精神的鼓舞下，脚踏实地、求真务实，怀揣强国梦，时刻准备着去探索更浩瀚的星辰大海。"致敬凯旋英雄，传承航天精神"活动结束后，少先队员们纷纷表示：一定要向航天英雄学习，将来成为优秀人才，为国争光。他们拿出在市青少年宫学习到的技艺，精心设计、创作了精美的作品，并送上真挚温暖的祝福，向航天英雄致敬。

● 赵锡坤："宇航员叔叔、阿姨，这是我剪制的飞天作品，我长大以后要像你们一样，逐梦星辰大海。"

● 蕠文惠："航天员叔叔、阿姨，我编织了仙桃，它代表着健康幸福，期待你们早日返航，阖家幸福。"

● 常钰昕："三位航天英雄，我编织了荷花，荷花象征清纯高洁，我也要向你们学习，学习你们不怕苦不怕累的精神。"

● 黄加乐："王亚平阿姨，我画了一幅星空作品，上面用中国绳结技艺编织了两个小人，象征你们在太空行走，我为你们点赞！"

● 伊思蒚："宝剑锋从磨砺出，梅花香自苦寒来。王亚平阿姨，您坚韧不拔的品格就像梅花一样，我把我绘制的这幅梅花图敬献给您，向您表达我的敬意。"

● 任星语："王亚平阿姨，我看您在空间站展示过扎染技术，我想您肯定很喜欢非遗文化，这是咱们烟台的国家级非遗项目烟台剪纸，我剪了一朵盛开的牡丹，我祝愿您像牡丹花一样漂亮。"

∴ 活动后记

模范教育对青少年的教育影响深远，烟台市青少年宫作为校外教育主阵地，齐抓艺术教育和德育教育，彰显青少年校外教育正能量。本次活动分线上展播和现场活动两个层面展开，旨在推动榜样精神、红色家风"吹"进千家万户，力求帮助少年儿童"扣好人生的第一粒扣子"。我们有责任、有义务立足中华优秀传统文化，弘扬传统美德，倡导文明新风，引导孩子们从小致敬和学习优秀榜样，传承良好家风，领悟传统文化、传承红色基因。

活动案例四

"传承新生代 非遗颂中华"
——烟台市首届青少年非遗大赛暨非遗作品展

∴ 活动背景

非物质文化遗产是一个民族创造力、想象力的展现,是劳动人民勤劳和智慧的结晶,是新时代进行传统文化教育的生动载体。截至2023年2月,我国的国家级非物质文化遗产代表性项目已达1 557项,"这些文化遗产蕴涵着中华民族生产生活的技巧、为人处事的哲理、治国理政的智慧,有其独特的价值体系,浸润于中华文化的每一个根脉,潜移默化地影响着中国人的思想方式和行为方式,已经成为中华民族精神传承、文明赓续的重要象征,创新发展中华文化、保持文明定力的坚实根基。"[1]

近年来,党和政府高度重视非物质文化遗产的保护与传承,除了续写"中华文明是唯一没有被中断而且延续至今的古老文明"的辉煌之外,另外一个非常重要的考虑就是要让中华优秀传统文化在陶冶情操、滋润心灵、提升境界方面发挥坚实作用。少年儿童正处于价值观的形成和确立时期,为了引导

---

[1] 赵书军.非遗之美蕴育文化自信.[N] 中国文化报.2020-06-23(04).

青少年树立正确的历史观、国家观、民族观、文化观，不断强化他们对伟大祖国的认同感、对中华民族的认同感，我们在校外少先队活动的策划组织过程中，也格外重视非物质文化遗产等传统文化的传承。目前烟台市青少年宫共开设了省级以上非物质文化遗产项目课程四个，市级非物质文化遗产项目课程两个，传统手工艺项目课程一个，每年吸引上千名少年儿童在这里感受非遗手艺的乐趣，培养他们对传统文化的深厚情谊，认识到保护和传承非物质文化遗产的重要性。2022年初烟台市青少年宫更是荣获了省级首批非物质文化遗产传承教育实践基地称号。

方案展示

为了给热爱非物质文化遗产的小小传承人们更多展示的平台，增强传承非遗文化的使命感和责任感，2022年7月，烟台市首届青少年非遗大赛暨非遗作品展正式启动，活动以"先赛后展、赛展结合"的形式进行，在进一步磨炼、提升非遗学员艺术创作水平的同时，点燃了更多少年儿童学非遗、秀非遗、用非遗的热情。

活动方案一：青少年非遗大赛活动方案

活动目的

非物质文化遗产是一个国家和民族历史文化成就的重要标志，是中华优秀传统文化的重要组成部分。少年儿童是文化传承的主力军，为传承优秀非遗文化，充分激发少年儿童对烟台非遗艺术的兴趣和爱好，体现少年儿童健康、快乐、成长的理念，进一步提高少年儿童的艺术创作水平，展现文化自信。本次活动旨在弘扬以爱国主义为核心的伟大民族精神，进一步增强少年儿童的使命感和责任感，鼓励少年儿童聚焦于非物质文化遗产工艺品，感受中华儿女不忘初心，砥砺前行的精神面貌，为非遗文化的传承与发展贡献应有的力量。

◖ 活动相关单位

1. 主办单位：共青团烟台市委、烟台市文化和旅游局、烟台市少工委、民盟烟台市委会

2. 承办单位：烟台市青少年宫

◖ 活动内容

1. 举办时间

初赛：7月15日至8月1日

决赛：8月10日上午8：30—11：30；下午14：30—17：30

2. 参赛对象

烟台市辖区内5周岁至11周岁的少年儿童

3. 大赛项目

剪纸、绒绣、面塑、绳结、陶艺等非物质文化遗产技艺

4. 主题要求

作品需紧扣"传承新生代　非遗颂中华"活动主题。内容积极向上，以多种非遗艺术形式颂扬中国共产党自建党百余年来所取得的重大成就，充分体现广大少年儿童对伟大祖国的无限热爱和对美好生活的衷心祝愿。

参赛作品内容自拟，题目自拟，材料自备。

◖ 参与方式

参赛个人或组织可于8月1日前将初赛参赛作品的高清展示图片和报名表发送至本次活动组委会邮箱。以组织形式参加的，指导教师需将参赛作品进行择优后，集中于一个邮件内进行投稿，每个学校（或培训基地）参赛作

品数量最多不得超过30件。

◉ 比赛流程

本次活动分初赛、决赛两个阶段，其中初赛为线上评选，决赛为现场比赛，具体内容如下。

1. 初赛阶段：组委会在收到参赛个人或组织投稿的作品后，将根据艺术风格、创作理念、形态结构等方面，于5个工作日内评选出决赛入围作品。作品入围决赛后，组委会将对入围的参赛个人或组织进行通知，明确决赛地点与相关准备要求。

2. 决赛阶段：决赛为现场比赛。入围决赛的选手需在3个小时内，围绕比赛主题，采用非遗技艺，现场重新制作一遍初赛作品（或创作超越初赛作品水平的决赛作品）。现场专家评委将综合参赛选手在初赛、决赛中的表现，对参赛选手进行评分，分数当场公布，并依此评选出一等奖、二等奖、三等奖。评审完毕后，现场举行颁奖仪式，组委会主要负责人进行总结致辞。

◉ 奖项设置

本次大赛组委会奖项设置如下：一等奖、二等奖、三等奖、优秀奖、优秀组织奖和优秀指导教师奖。

各奖项设置数量将视参赛作品设计理念、技艺水平及相关组织组织情况设定。荣获一等奖选手的指导教师可获得优秀指导教师奖。

活动方案二：非遗作品展活动方案

◉ 活动目的

为进一步增强全社会对非物质文化遗产的保护意识，动员全社会共同关注和保护文化遗产，传承和弘扬中华优秀传统文化，营造喜迎二十大的浓厚氛围，8月10日，共青团烟台市委、烟台市文化和旅游局、民盟烟台市委会、烟台市少工委主办，烟台市青少年宫承办的"传承新生代 非遗颂中华"

非遗作品展将在烟台市青少年宫举行开幕仪式。

∈ 活动单位

1. 主办单位：共青团烟台市委、烟台市文化和旅游局、烟台市少工委、民盟烟台市委会

2. 承办单位：烟台市青少年宫

∈ 展览时间

开幕仪式：8月10日8：30

展览时间：8月11日—14日

∈ 展览地点

烟台市青少年宫一楼大厅

∈ 参展非遗传承人、教师（按姓氏首字母排序）

烟台市非遗项目栖霞泥塑传承人　陈玉录

胶东花饽饽省级传承人　贾玉萍

国家非遗项目烟台剪纸省级传承人　李强

国家非遗项目烟台剪纸传承人　梁巧燕

面塑、泥塑专业教师　李仁敬

烟台绒绣传承人　石岩

烟台市市级非遗项目葫芦雕刻传承人　宋玉良

烟台市市级非遗项目烟台面塑传承人　陶永广

中国绳结艺术教师　肖坤

陶艺专业教师　闫艳

莱州草辫（编）省级传承人　杨玉兴

国家级非遗项目莱州草辫（编）市级传承人　周学玉

∴ 台前幕后

激烈的赛场

比赛现场，评委老师宣读规则后，比赛正式拉开序幕。50余名选手围绕"传承新生代 非遗颂中华"活动主题，现场创作，表达自己对非遗文化的热爱，对祖国的热爱，对党的二十大的祝愿。

金笑竹制作莱州草辫（编）作品

于沛琪制作绒绣作品

经过两个小时紧张而忙碌的制作，所有选手都完成了自己的创作，一件件精美的非遗作品呈现在了大家面前。下面是代表作品展示。

面塑作品《小小接班人》

作者：宋佳音

指导教师：王燕

作品介绍：两个身穿绿色军装的小小接班人，其中一人手捧爱心；旁边是两只中国传统工艺的老虎，象征吉祥、强壮、勇敢，也是因为2022年是农历虎年；地上五朵向日葵，一朵大的，四朵小的，致敬国旗上的五星，也代表小小接班人永远向着党和祖国。

莱州草辫（编）作品《富贵呈祥迎盛世》

作者：金笑竹

指导教师：江秀娟

作品介绍：作品主要由牡丹花和蝴蝶组成。作品中牡丹花使用不同颜色的玉米叶制成；小蝴蝶的翅膀用彩纸制作而成，小蝴蝶的触角以及牡丹花的茎用到了草绳。牡丹花素有"国花"之称，整幅莱州草辫（编）作品表达了全国人民一起喜迎党的二十大盛事的美好心愿。

烟台绒绣作品《烟台山》

作者：于沛琪

指导教师：石岩

作品介绍：作品采用烟台绒绣的传统针法，既展示了烟台山优美的自然风光，也表现了烟台的开埠文化、文物遗址、人文自然景观。我爱我的家乡！我爱我的祖国！我爱带领我们过上幸福生活的中国共产党！

精彩纷呈的展览

不仅是比赛现场，非遗作品展区同样精彩纷呈。现场展出了各级非遗传承人及工艺美术师等12位专家、名师的作品近200件，每件作品都精妙绝伦、惟妙惟肖。展区内还有6名来自青少年宫红领巾宣讲团的宣讲员，他们分散在不同区域向前来观展的人们介绍各个作品背后蕴藏的理念与深意。

胶东花饽饽作品《喜迎二十大》

作者：贾雨萍

大家好！现在我们见到的是胶东花饽饽系列作品。这些作品是由山东省省级非物质文化遗产项目代表性传承人贾雨萍创作。

大家看，这个作品名为《喜迎二十大》。作品高80 cm，底面直径80 cm，材质以白面为主，以传统花饽饽制作技艺为体裁，经过发面、定型、蒸制、染色等工艺流程并加以创新。

作品中两条龙寓意中华儿女；石榴代表全国五十六族人民像石榴籽一样紧紧抱在一起；红心代表全国各族人民红心向党，满怀期待迎接党的二十大胜利召开；桃子寓意长寿；牡丹、荷花、玫瑰分别象征着富贵吉祥、坚贞信仰、感激和热爱；苹果既有平安吉祥的寓意，又代表中国苹果之都——栖霞。贾雨萍老师以此作品喜迎党的二十大胜利召开，向党的二十大献礼！

——红领巾宣讲员　韩佳凝

认真讲解　沉浸观展

绳结作品《福禄双全》

作者：肖坤

大家好！现在您看到的是中国结作品。

中国结，是中华民族特有的装饰文化符号。它不仅具有优美的色彩和造型，而且体现着人们追求真、善、美的良好愿望。结，由"丝"和"吉"组成，源于古人对"绳结"的使用，久而久之，便有了"编织吉祥"之意。中国结有着千变万化的形式和寓意，但都由方格网与圆弧构成，象征着力量、和谐、团结、福寿等主题。

现在在您面前的作品《福禄双全》寓意既有福气又仕途顺畅，前程似锦。作品为葫芦造型，葫芦为"福禄"谐音，且葫芦的造型大多为两个圆形拼接而成，圆润饱满，寓意的是"双全"，同时使用了中国结、如意结、同心结、串珠及流苏等传统技法，以鲤鱼点缀，表达了和谐美满、长寿吉祥的美好祝愿。

——红领巾宣讲员　王思懿

通过红领巾宣讲员们的细致讲解，众多热爱非遗、学习非遗的少年儿童们也得以与非遗大师的作品"零距离"对话,"面对面"感受非遗文化的魅力。刚刚结束比赛的选手们也深受触动,表示今后要继续努力学习,传承非遗,通过自己的努力掌握更高的非遗技艺,并把非遗知识传递给更多人。

∴ 活动后记

首届非遗大赛的成功举办,让我们看到了广大少年儿童对非遗文化的热爱,也感受到了他们传承非遗文化的磅礴力量。作为校外少先队活动阵地,我们也将持续搭建好、扩展好非遗文化传承的平台,畅通少年儿童感受非遗、学习非遗、展示非遗的渠道。

2019年9月18日,习近平总书记在黄河流域生态保护和高质量发展座谈会上讲话指出,要推进黄河文化遗产的系统保护,守好老祖宗留给我们的宝贵遗产。2021年10月9日,中共中央、国务院印发的《黄河流域生态保护和高质量发展规划纲要》指出,保护传承弘扬黄河文化,要"开展黄河文化资源全面调查和认定,摸清文物古迹、非物质文化遗产、古籍文献等重要文化遗产底数"。烟台被黄河滋养着,作为城市建设和发展的一分子,我们也将保护、传承黄河非遗文化作为我们未来开展非遗教育、非遗主题活动的重要方向,针对不同年龄特点、不同兴趣爱好、不同需求层次的少年儿童,探索"教育培训""公益活动""研学体验""非遗赛展"四条非遗文化传承实施路径,引导少年儿童传承沿黄河非遗文化,彰显区域特色,弘扬民族精神。

第五章

梦想起航：
向着胜利勇敢前进，
我们是共产主义接班人

梦想起航：向着胜利勇敢前进，我们是共产主义接班人

本章节活动以培养新时代少先队员精神品质等核心素养为目标，从全面发展活动入手对少年儿童开展教育。

全面发展的目标是通过丰富生动的少先队活动，培养少年儿童的奋斗精神和创造精神；形成尊重劳动、崇尚劳动、尊重普通劳动者的意识；培养价值体认和理性辨析能力、问题解决与辩证思考能力、自我管理和自我约束能力；在锻炼中锤炼意志、增强体质；提升审美趣味和格调；提高媒介素养等。

全面发展的主要内容包括新时代奋斗精神学习和实践；普通劳动者、大国工匠、科技工作者等奋斗榜样寻访交流；生活习惯、劳动习惯和运动习惯；集体和社会劳动体验、科技创新实践和文体活动实践；辩证思维和理性思考实践；价值评价标准和价值体认；媒介素养常识；心理调适和抗挫抗压能力；自护自救知识与生命教育等。

活动案例一

"科技主导生活 创新改变世界"
——首届青少年科技文化节

∴ 活动背景

少年智则国智,少年强则国强。

青少年宫科技体育活动部以提高少年儿童的体育素养、弘扬科技强国的全面发展为理念,突出技能培训和实践相结合,开发了"科技文化节""科普活动基地""科技进校园"等品牌活动,大力开展以"童心向党"为统领的科技公益体验、公益活动、公益服务等项目,激发广大少年儿童爱国爱党的热情,普及科学知识,强化科学道德、创新精神和实践能力,教育和引导少年儿童从小树立科技兴国、科技强国的坚强信念,培养追求新知、勇于探索、敢于创新的科学精神。

首届青少年科技文化节开启了烟台市青少年爱科学、懂科学、用科学的科技文化之旅。如今,我国科技正在经历快速发展时期,作为青少年,通过科技学习要学会批判性思考;保持好奇心和求知欲;拓展国际视野,树立家国情怀。期待所有少年儿童都能积极主动地成为"科技文化节"的主角,来一次科技的加油充电,对世界保持一份纯粹的好奇和探究,给想象插上腾飞的翅膀，给思想一个飞翔的空间，直面科技新时代的挑战，唯此，才能运用"科技"之光造福祖国、造福世界。

∴ 方案展示

⊆ 活动目的

为激发广大少年儿童爱科学、学科学、用科学的热情，养成追求新知、勇于探索、敢于创新的科学精神、科学情怀，不断提高个人的科学素养，烟台市相关单位举办烟台市青少年2020科技文化节活动，特制定方案如下。

⊆ 活动时间

2020年8月—12月

⊆ 活动单位

主办单位：共青团烟台市委、烟台市科学技术协会、烟台市教育局

承办单位：烟台市青少年宫、腾讯烟台新工科研究院、烟台市大众网

⊆ 活动形式

线上、线下同时开展。

⊆ 活动时间

1. 10月23日举办科技文化节开幕式

2. 10月24日—12月24日举办线上线下的各类科技活动。

3. 12月26日举行科技文化节颁奖仪式。

⊆ 活动内容

（一）科技节开幕式现场展示活动

第一阶段　启动仪式

1. 武术表演《精武少年》；

2. 领导致辞；

3. 少先队学员代表发言；

4. 出席领导共同参与启动仪式。

第二阶段　观众现场观摩

1. 从二楼大厅南侧下，至浪花岛参观海陆空手工模型的四驱车大赛；

2. 从浪花岛北侧移步二楼大厅，参观北侧海陆空手工模型展区；

3. 由东向西依次参观益智类魔方大赛区、益智棋类竞赛区、科学探索作品展示区；

4. 由北向南，依次参观西工大航空科普展区、科普大篷车展区、机器人活动展区、创客作品展示区；

5. 移步至三楼综艺厅参观科学探索光控阳光瓶科普讲座区；

6. 移步至317教室参观青少年宫创新创客中心；

7. 参观结束。

（二）科普讲座类活动

举办科普知识讲堂和相关科普实践体验活动。

1. 科学探索名师体验课堂

2. 机器人编程家长讲堂

3. 魔方益智体验课堂

4. 创客线上公益体验课堂

（三）科普作品征集活动

征集作品以展现人类对未来科学发展的畅想和展望为主旨，围绕未来科技对人类的学习工作、生产生活、地理环境和行为习惯等方面的影响和作用等进行创作，主题自定，内容和形式不限。

1. 机器人 Scratch、Python、C++ 创意程序设计作品征集

2. 模型作品制作征集

3. 创客类木质拼插组装作品征集

（四）科技文化竞赛活动

1. 科学探索类的空气动力挖掘机亲子比赛
2. 机器人类的竞速障碍创意搭建赛
3. 魔方类的速拧挑战耐力赛
4. 模型类的四驱车竞速赛
5. 创客类的线上 STEAM 设计比赛

∈ 展示与表彰

12月26日，举办科技文化节颁奖仪式，对各类科普创新优秀作品展示展览，对各类竞赛获奖者进行表彰并颁发"科技达人"荣誉证书。

∴ 台前幕后

∈ 活动回放

小小展览　无穷魅力

此次科技文化节共分为科普大篷车流动展示体验区、机器人活动区、创客活动区、海陆空模型作品展示区、益智类魔方竞赛、益智棋类竞赛、科学探索区、航空科普区等八个区域，为观众提供了广泛的选择空间。现场青少年儿童踊跃参与，大家有的戴着VR眼镜了解生命的孕育过程，有的通过显微镜看到细胞的真面目，有的用遥控器模拟体验开飞机，有的动手编程制造了升旗装置，青少年们在亲身实践中，不仅感受到了科技带来的奇妙，也收获了科学知识。

"此次科技文化节活动为我们搭建了学习观摩的平台，希望同学们通过参与活动，在心里种下科学启蒙的种子，学会观察、学会思考、学会创新。"烟台市青少年宫海陆空模型班的姜熙恩作为少先队员代表向同学们发出倡议："学习科技知识，是提升综合素质的重要方面，我将和同学们一起在科技文化节中探究科学的奥秘。"

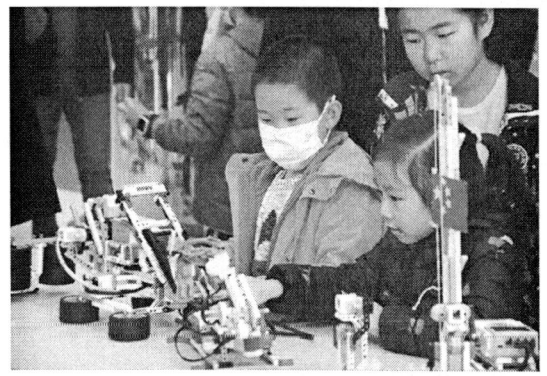
参观者对多功能模型好奇不已

参观者与机器人面对面交流

志愿者指导参观者组装模型

第五章
梦想起航：向着胜利勇敢前进，我们是共产主义接班人

◎ 花絮故事

各方响应 助力活动

如今，随着大数据、云计算、人工智能、机器人、虚拟现实、3D打印等科技进步，新一轮的科技革命时代正在大步走来。活动中，我代表烟台市青少年宫，与腾讯烟台新工科研究院院长刘志强，共同签署青少年科技教育战略合作协议。

"当今社会正迈向智能化时代，各行各业也按下数字化转型'快进键'。"刘志强介绍，研究院与市青少年宫签署青少年科技教育战略合作协议后，双方将共同努力，建好青少年创新创客实验室，将人工智能、智能电子、编程思维等最前沿的技术融入中小学教育中，培养学生的创新思维、团队项目协作能力、交流与分享能力，推动全市青少年学生STEAM教育发展与新工科基础教育建设。

启动仪式结束后，团市委副书记王杰等出席仪式的领导嘉宾参观了现场各个展区，并为市青少年宫创新创客中心揭牌。无论是充满激情和乐趣的四驱车大赛，还是代表着智慧和动手能力的创客机甲大师；无论是反应迅速的魔方竞赛，还是令人大开眼界的各种创客作品展示，都令现场嘉宾赞叹不已。

"希望广大青少年通过参与本届科技节活动，能在心里种下科学的种子，学会观察、学会思考、学会创新，勇敢地叩开新奇、神秘而又充满魅力的科学大门，完成一次学习、观察、实践和创造的科技之旅。"王杰表示，各部门将全力把本次科技节活动组织好、开展好，让广大青少年练出真本领、赛出新水平，在全市青少年中掀起崇尚科学、热爱科学的热潮，助推烟台市青少年科技创新工作高质量发展。

"希望通过此次科技文化节激发全市广大青少年爱科学、学科学、用科学热情，树立科技强国、科技兴国信念，养成追求新知、勇于探索、敢于创

新的科学精神。"共青团烟台市委副书记张俊鼓励青少年以科技文化节为契机，养成崇尚科学、热爱科学的良好习惯。

∴ 活动后记

此次科技文化节得到了相关部门的大力支持和社会的广泛关注，取得了圆满成功。

科学，魅力无穷又多姿多彩，吸引无数青少年为之奋斗。此次青少年科技文化节，是烟台青少年精神文化生活中的一件盛事。下步，市青少年宫将以此次活动为契机，进一步拓展烟台市青少年科技活动新领域，探索广大青少年弘扬科学精神、倡导科学思想、运用科学方法的新途径，开辟"探究式"科普活动的新思路和新方法，提高烟台青少年科技教育活动的组织能力和水平。

活动案例二

"棋"聚一堂增智慧
——少年儿童益智竞技棋类比赛系列活动

∴ **活动背景**

棋类活动是一项将智力、体力、意志力等融为一体的娱乐活动。孩子们在下棋的过程中不仅可以锻炼思维，培养逻辑能力，还能陶冶情操，提高各项综合素质。棋类活动既是一种有具体且严格的规则的益智游戏，也是一门综合性的艺术，能够帮助少年儿童开发智力，培养做事认真细致的好习惯，同时发展少年儿童的社会性，提高合作意识，体验思考的乐趣，并在挫折感中获得永不言败的精神。

∴ **方案展示**

∈ 活动目的

让更多人了解围棋、国际象棋，传播围棋文化。

∈ 具体内容及规则要求

1. 10月23日上午在大厅举行国际象棋人机体验。届时还可将棋类元素绘画作品一并展出。

2.将大棋盘和小棋盘拿出来，进行展示，并配备一名老师负责答疑解惑。

◎ **活动现场宣传准备**

1.关于围棋、中国象棋、国际象棋的简介（易拉宝、展板都可以），KT板用于吸引孩子们积极了解和参与活动。

2.配一台电脑专门播放关于围棋、中国象棋、国际象棋的相关视频。

3.可将活动现场照片用于公众号宣传。

◎ **准备物品**

桌子30张，椅子50把，电脑10台（画展所需工具根据场地待定）。

◎ **活动赛程**

1.巨型中国象棋、围棋表演赛。

2.人工智能围棋AI挑战赛。

3.幼儿围棋大赛。

∴ 台前幕后

◎ **活动回放**

"好大一盘棋"

围棋棋盘占地一百平方米，中国象棋棋盘占地八十多平方米，两个超级大棋盘在二楼大厅席地铺开，气势盛大。围棋对阵双方各由十余名小棋手组成黑白两队，中国象棋则是红黑两支队伍，总共八队小选手分两场轮流对阵。

第五章
梦想起航：向着胜利勇敢前进，我们是共产主义接班人

巨型棋表演赛

10月24日上午，由青少年宫承办的科技文化节系列公益活动——烟台市青少年巨型中国象棋、围棋表演赛在二楼大厅摆开战场。80多名小棋手参加了比赛，中国象棋由烟台市象棋名宿韩韶光和青少年宫少年棋院教练冯杰分别担任正副裁判长，围棋由青少年宫少年棋院教练王欣、兰涵琪分别担任正副裁判长。

热心好奇的小学员和家长们围在巨型大棋盘前观战，参赛小棋手们轮番上前搬起巨型棋子，或占角折边，或平炮跳马，战况十分激烈。没轮到自己时，小棋手们就观敌掠阵，托腮沉思，见大家凝神思考良久，韩韶光老师走上大盘，分析棋局，侃侃而谈，大家豁然开朗，感叹棋局的精妙多变和中国棋文化的深邃博大。

◎ 花絮故事

与AI斗，"棋"乐无穷

棋类竞技赛一直被视为顶级人脑与人工智能的试金石。为提高小棋手们学棋的兴趣，磨炼他们的棋艺，市青少年宫推陈出新，将传统模式与现代AI相结合，科体部于12月26日举办了烟台市青少年科技文化迎新年——人工智能围棋AI挑战赛。

人机对抗比赛中，围棋大将军们在棋盘战场上排兵布阵拼杀起来。他们

个个神情专注,并在青少年宫棋院老师的指导下体验着每一盘竞赛带来的快乐。

别看他们年龄小,可都是小高手,连胜几局后,碰到的对手越来越厉害,但是他们毫不畏惧,积极应战。已经具有围棋1段水平的小朋友有近10人。他们赢棋的笑脸、输棋的泪水都在印证着他们经历的考验。

比赛激烈紧张,孩子们时而为队友走出好棋振臂欢呼,时而为队友不慎失手扼腕叹息……小棋手、家长和老师们都深深融入欢乐的棋局世界里。不知不觉,一上午的挑战赛临近结束,仍然意犹未尽!最后青少年宫副主任张晓红、部长刘静、总教练王欣为各参赛队的选手们颁发了优胜奖和纪念奖。

年龄虽小,棋高一着

围棋赛场宽敞明亮、秩序井然。男女选手混合编排,单独计算成绩。幼儿围棋大赛所有参赛小棋手都是来自幼儿园的学龄前小朋友,个个聪明伶俐、活泼可爱。上午8:30比赛开始,所有小朋友安静下来,正襟危坐、认真思考,专心对弈。比赛过程中,小棋手们各显神通,绞尽脑汁拿出自己的看家本领。第一轮小棋手们都下得特别认真,冷静谨慎地与陌生的小对手对阵,生怕因自己的一个小错误错失大局。来自各区的一百名小朋友参加了比赛。

认真对弈的小棋手们

赛事进行到第二轮，小棋手们慢慢放下"沉重"的包袱，轻松面对战局。在A组中，出现了戏剧性一幕，黑棋走在白棋的老虎口里，就看白方的小棋手沾沾自喜。结果，当白棋把黑棋吃掉后，黑棋用"倒扑"吃子方法吃掉了白棋的很多棋子，白方强忍着泪水，就像自己的"士兵"被抢走一样，让黑方生生地把自己的士兵提掉。不过几分钟，白方打起精神，越战越勇，勇往直前，吃了一条黑棋的大龙，反败为胜。

思索下一步棋的小棋手

经过一轮又一轮的艰苦奋战，小朋友们有的露出胜利的喜悦，有的落下难过的泪水，六轮激战过后，包祖铭在加赛中战胜郭奕轩获得冠军，郭奕轩荣获亚军。比赛结束后，由青少年宫张晓红副主任、刘静部长和王欣总教练为表现优异的获奖小棋手们颁发了奖杯、证书，所有参赛小棋手均获得精美纪念品。小冠军们捧起了奖杯或奖牌，抱着心爱的奖品，激动地站上领奖台。

围棋比赛能够提高孩子们对抗挫折的能力，养成"胜不骄，败不馁"的良好品格。相信在今后的学棋道路上，小棋手们定会百尺竿头更进一步。

∴ 活动后记

需要注意的是，青少年之间具有差异性，每个人的学习能力和接受能力都不同，如果教师在进行棋类课程指导时，采用统一的方式方法，有些学员就会掉队，渐渐地对棋类学习失去兴趣，甚至会产生自卑心理。因此教师在棋类课程的教学过程中，要注重观察，进行差异性指导，保证每个孩子都能在棋类学习中有所提高。

通过丰富多彩、趣味十足的棋类活动，许多孩子已经打心眼里爱上了棋类学习。少年儿童在棋的世界里快乐地游戏，不仅思维变得活跃，注意力也更加集中了。"棋"开益动，乐在"棋"中，相信在今后的活动中，孩子们会更乐于创新，将快乐延伸下去。

2022年是令人难忘的一年，希望孩子们带着对围棋、象棋的热情迎接崭新的2023，书写新的成长故事。这次棋类系列活动，不仅为爱好棋类运动的少年儿童提供了相互切磋、展示技能的平台，让孩子们在博弈中充分体验了棋类运动的无穷魅力，培养了孩子们的逻辑思维能力和实践能力，而且也贯彻了全民健身国家战略精神。未来我们将把这一围棋、象棋的比赛普及开来，让更多的少年儿童参与到益智竞技棋类大赛中来，更广泛地传承、推广中华优秀传统文化。

活动案例三

"鉴史之美 传承经典"
——中国美术史鉴赏绘画活动

∴ 活动背景

2014年12月20日，国家主席习近平在庆祝澳门回归祖国15周年大会暨澳门特别行政区第四届政府就职典礼上的讲话中指出："中华民族在几千年历史中创造和延续的中华优秀传统文化，是中华民族的根和魂。要把我国历史文化和国情教育摆在青少年教育的突出位置，让青少年更多领略中华文明的博大精深，更多感悟近代以来中华民族救亡图存、发愤图强的光辉历程，更多认识新中国走过的不平凡道路和取得的巨大成就……"

美术教育中的中国美术史是可以把历史、艺术和传统文化综合起来的重要学习载体。但是中国美术史的现有资料都是针对大学或者是成人的，所以做一套属于青少年特别是少年儿童的中国美术史活动样本就成为烟台市青少年宫美术少年书画院的心愿。在经过多方学习和考察之后，"鉴史之美 传承经典"中国美术史鉴赏绘画活动应运而生。

方案展示

活动目的

为进一步加强少年儿童传统艺术文化教育，提高少年儿童的审美素养，培养少年儿童的文化情怀，增强民族自豪感，烟台市青少年宫少年书画院开展了"鉴史之美 传承经典"中国美术史鉴赏绘画活动，旨在让少年儿童继承和发扬中华优秀传统文化和艺术技艺，为少年儿童的全面发展奠定良好基础。

活动时间

2021年3月—11月

参加人员

1. 青少年宫少年书画院全体师生
2. 烟台市区少年儿童

活动内容

（一）报名要求

1. 每期活动都有少年书画院推荐报名和个人自愿报名两种方式。
2. 通过审核考试，确定最终每期活动人员。
3. 所有参加人员不得报名三项（含三项）以上活动。

（二）具体内容

1. 石器时代的艺术启蒙
2. 青铜器器型与纹样
3. 汉画像石画像砖
4. 瓦当上的艺术
5. 濒危纹样手绘

活动流程

1. 3月—4月中旬（6周）石器时代的艺术启蒙：完成知识普及、资料搜集、考察、初稿等工作。负责人：刘漪明。

2. 4月中旬—5月（6周）石器时代的艺术启蒙：完成作品绘画工作。负责人：刘漪明。

3. 6月—7月中旬（6周）青铜器器型与纹样：完成知识普及、博物馆写生等工作。负责人：宋宁。

4. 7月中旬—8月（6周）青铜器器型与纹样：完成作品绘画、制作等工作。负责人：宋宁。

5. 9月—10月中旬（5周）汉画像石画像砖、瓦当上的艺术：完成知识普及、资料搜集、版画制版等工作。负责人：刘漪明。

6. 10月中旬—11月（6周）濒危纹样手绘：完成知识普及、博物馆写生、手绘作品工作。负责人：刘漪明。

∴ 台前幕后

⊆ 活动回放

拯救"濒危纹样"行动

"濒危动物""濒危植物"大家都听说过，但是有人听说过"濒危纹样"吗？在拯救"濒危纹样"行动中，孩子们认识了一位壮族设计师——清穗。他是一名平面设计师，也是一位中国传统纹样专家。研究生毕业后，清穗就和一群志同道合的小伙伴一起，开始对中国纹样进行挖掘和整理，于是这些绚烂的图样和画面就展现在了我们面前。

少年书画院把美术史搬入青少年宫的同时也在不断地发掘中国传统元素。这些纹样的出现对于讲述中国传统审美、配色以及图腾文化都有着很好的教育意义，也让美术老师们深感传承的使命。于是在清穗老师"拯救濒危纹样"的触动下，青少年宫少年书画院开设了一期绘制传统纹样的活动。

少年书画院学员博物馆参观

为了让孩子们更加近距离地走近我国的传统纹样，参加活动的全体学生跟着刘漪明老师来到了市博物馆，在陶罐和青铜器上找寻各种纹样的踪迹。很多孩子感叹，古时候的纺织技术和青铜器制造工艺都太厉害了。"他们是怎么绘画出了这么繁杂的花纹，又是怎样做到如此精细的啊？"刘老师回答说："这就是我们常说的'工匠精神'啊。"只有坚持不懈、精益求精才能做出精品。

少年书画院学员博物馆写生

经过近两个月的学习和练习，40余幅作品应运而生。传统纹样的手工绘制过程真的不太容易，纹样不仅复杂，还有很多对称的关系。有些二方连续和四方连续的图案不借助工具很难画得准确，但是孩子们凭借着一遍又一遍的练习和坚持不懈的毅力，终于画出了这些古老的纹样，同时也练就了一双"打印机"式的巧手。

少年书画院学员纹样作品

少年书画院学员所绘纹样作品

传承,并不只是指传承文字、艺术、语言,更多的是传承一种精神,比如在这一系列课程当中感受到的"工匠精神"。

遥想青铜器里的中秋

嫦　娥

[唐]李商隐

云母屏风烛影深,

长河渐落晓星沉。

嫦娥应悔偷灵药,

碧海青天夜夜心。

李商隐的这首《嫦娥》把思绪带回到了那个开始有神话传说的夏商周时期。伴随着中秋节的到来，少年书画院也迎来了一节特别的《中国美术史》课程——《遥想青铜器里的中秋》。

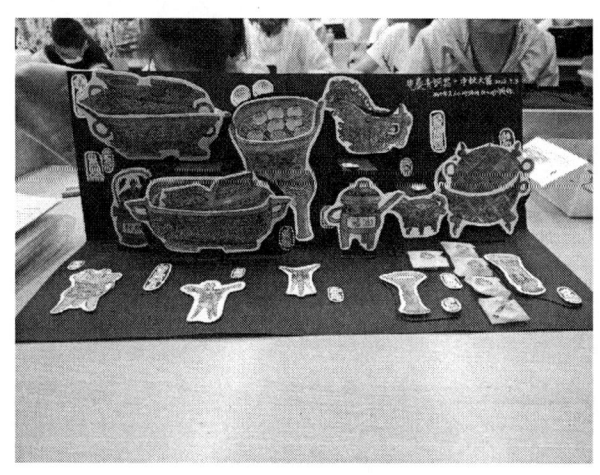

《遥想青铜器里的春秋》作品展示

在活动中，宋宁老师给孩子们讲述了青铜器的相关历史知识："中国的青铜器艺术始于夏朝，是夏商周时期的重要器具之一。这一时期出现的青铜器以容器为主，主要包括炊器、食器、酒器、盥洗器等。但是在那个时代，并不是每个人都能使用青铜器的，青铜器是权力和地位的象征，常用于贵族的祭祀、宴饮、征伐等活动中。不同等级的贵族，使用规格不同的青铜器。"由此，学生们也知道了青铜器的珍贵。

几期活动之后，孩子们对于青铜器也已不再陌生，但是把"食物"装进青铜器，真正体验青铜器的使用，这还是头一回。在原有的知识中，孩子们已经大致知道了每一种青铜器的不同用处，所以做一桌"中秋宴"的难点就在选择器皿和装盛食物的问题上。老师进一步地讲解了各种器皿的用途后，就带领孩子们实际操作起来。

第五章
梦想起航：向着胜利勇敢前进，我们是共产主义接班人

《遥想青铜器里的春秋》作品展示（局部）

《遥想青铜器里的春秋》作品展示（局部）

之前学的美术史知识和水彩绘画技巧能够帮助孩子们完成一幅有意思的创作，对他们来说可真是太有成就感了。这也是美术学习的魅力所在——前面的积累可能会稍显枯燥，但是积累后结出的果实就会给人秋收后满足的喜悦。

版画"复刻"汉画像石

之前的版画瓦当深受学生和家长的喜爱。当时的学习让学员们认识了一种新的绘画形式——版画，也通过版画的表现，让学员认知了中国传统建筑上常见的艺术形式——浅浮雕。跟瓦当接近的还有汉代的画像石、画像砖。汉画像石的讲述和实践是从文化和历史入手的，带领学生走进历史的长河认识汉代画像石的重要艺术价值，感受传统的审美体验，进而继续版画的创作。

少年书画院学员版画作品

学生们了解汉画像石的历史背景和文化内涵之后，还通过素材图片了解了古代服饰、发饰特点和生活场景。另外在技法上，学生们也学习了古人画面的概括能力，即黑白的处理。

在老师的逐图讲解和多次示范之后，学生们都做出了效果较好的刻版；在印刷完成品之后，他们对汉代艺术的认识就更加深刻了。但是通过汉画像石的学习，还是可以看出学生们对传统艺术的学习较为陌生，视觉积累不足，对古画、古物、古代人物的形象都不理解，甚至很多形象在老师看来是美的，但是在学生看来却是可笑的或者是丑陋的。所以，只有给学生讲透彻历史文化方面的相关知识，给学生仔细分析画面的内容，为他们插上想象的翅膀才能让历史中的美渐渐在他们心中生根发芽。

少年书画院学员版画作品

∵ 活动后记

活动主要负责人刘漪明老师说："《中国美术史》作为美院类学校的必修科目，让我受益匪浅，所以我一直有个想法，把它搬进我的课堂，让当下的少年儿童了解中国历史，更了解中国历史上瑰丽多彩的艺术珍品。所以我联合我的教研团队，在少年书画院的课堂中研究实践了一套让少年儿童读得懂、画得出的《中国美术史》。"

我们青少年宫这套《中国美术史》的课程，以历史发展为基本脉络，以生活用品、艺术品、画家为载体，为少年儿童呈现出不同历史时期情景下的历史文化和艺术成就，并且利用我们所学的美术技法去再现历史艺术海洋中的点点滴滴，帮助孩子们体验历史文明，触摸灿烂文化，培养独特的精神气质。

活动案例四

"童心 同乐 同成长"
——烟台市第七届青少年音乐艺术节

活动背景

为助推烟台市文艺事业发展，打造高品位港城文化，挖掘和培养更多优秀青少年音乐人才，团市委和市青少年宫将联合组织举办烟台市第七届青少年音乐艺术节活动。

本次艺术节活动以习近平新时代中国特色社会主义思想为指导，贯彻落实习近平总书记关于教育的重要论述和全国教育大会精神，不忘初心，牢记使命，用健康高雅的文化艺术凝聚烟台市青少年之力，为广大青少年音乐爱好者和音乐艺术教育工作者提供相互交流、学习的平台。

方案展示

活动单位

主办单位：共青团烟台市委

承办单位：烟台市青少年宫

◉ 活动时间

2021年7月14日至7月29日

◉ 活动地点

烟台市青少年宫

◉ 艺术节组委会

主　　任：相福亮　共青团烟台市委书记

副主任：王军智　烟台市青少年宫主任

　　　　　曲东义　市青少年宫音乐活动部部长

成　　员：（排名不分先后）张玮　于洋　邹德铭　边鸿渤　李泉

　　　　孙晶　王媛　孙德全　戚瑗瑗　袁琪

◉ 活动内容

本次音乐艺术节，是一场融音乐会、学术交流和名师专家系列讲座活动为一体的综合性音乐艺术公益活动，涵盖键盘乐、管乐、弦乐、民乐、流行乐等各器乐门类，以独奏、重奏、齐奏、器乐组合、乐队合奏等专场比赛、演出的形式展示，内容健康向上，主题特色鲜明，具体如下：

1. 搭建艺术交流平台：邀请市区音乐培训机构、优秀音乐表演团体参加。

2. 经过评委会选拔后，举办优秀节目展演专场音乐会八场。

3. 举办音乐研讨会和学术交流会及名家名师讲座。

◉ 艺术节流程

1. 开幕式：经音乐艺术节组委会筛选，组织优秀参赛机构演员代表参加。由音乐艺术节组委会主任致开幕词，参赛机构代表发言。

2. 选拔过程：参选音乐培训机构填写电子报名表申报节目，递交节目视频，经组委会统一评审后，确定参加艺术展演的机构名单和演出节目。

3. 名家音乐会、系列专家讲座时间，待出席专家名单确定后另行通知。

4. 闭幕式暨颁奖音乐会。

报名事宜

1. 自 6 月起,对外发布艺术节活动章程及通知,组织烟台各县市区音乐教育培训机构报名参展节目。

2. 各机构报送作品时间:2021 年 6 月 1 日—7 月 1 日

3. 报名方式:将报名表报送至市青少年宫音乐活动部艺术节组委会。

4. 联系电话:(0535)6610***

台前幕后

方案展示一

"童心 同乐 同成长"

烟台市第七届青少年音乐艺术节

开幕式方案

为助推烟台市青少年文化艺术大繁荣、大发展,搭建青少年学习交流、艺术实践公益服务平台,以实际行动履职践行文化育人初心和立德树人使命,展现新时代青少年爱党爱国、朝气蓬勃、奋发向上的精神风貌,2021 年 7 月 18 日,烟台市青少年宫联合共青团烟台市委共同启动烟台市第七届青少年音乐艺术节,开幕式方案制定如下。

1. 时间地点

2021 年 7 月 18 日(周日)9:30—10:00,烟台市青少年宫二楼大厅。

2. 组织单位

(1)主办单位:共青团烟台市委

(2)承办单位:烟台市青少年宫

3. 参加人员

(1)团市委、市青少年宫各级领导。

（2）全体演职人员共计260人，现场大厅观众预计在500人左右。

4. 议程安排

（1）9：40 烟台市青少年宫少年管弦乐团演奏《红旗颂》。

（2）9：50 共青团烟台市委张俊副书记致辞。

（3）10：00 张俊副书记、张晓红主任、曲东义部长共同启动仪式球，宣布艺术节开幕。

📖 方案展示二

"童心 同乐 同成长"
烟台市第七届青少年音乐艺术节
闭幕式方案

1. 闭幕式时间

7月24日9：30

2. 闭幕式场地

烟台市青少年宫乐海剧院

3. 流程安排

（1）优秀学员代表发言

（2）节目演出

少年管弦乐团演奏曲目《迎太阳》《红旗颂》前段

竹笛《红高粱叙事曲》

打击乐重奏《科技先锋》+ 机动节目

（3）艺术节颁奖

颁奖领导：王军智　张晓红

（4）全体齐唱《没有共产党就没有新中国》

📖 活动回放

如火的七月绿草如茵，盛夏的激情活力四射，由共青团烟台市委主办、烟台市青少年宫承办的烟台市第七届青少年音乐艺术节正式拉开了帷幕。

各专场的协奏曲

7月14日上午,烟台市青少年宫浪花岛琴声飞扬,掌声热烈,艺术节的首场电子键盘专场音乐会正在进行。双排键与电子琴合奏《云宫迅音》《爱我中华》,双排键独奏《荒野七侠》《最炫民族风》《青春修炼手册》,电钢琴合奏《克罗地亚狂想曲》《燃情岁月》,双排键、电钢琴、电子琴合奏《同一首歌》……每一首乐曲,每一段旋律都被小琴童们演奏得那么优美,那么精彩,博得了现场观众的喝彩和掌声。

7月14日下午,烟台市第七届青少年艺术节流行乐专场音乐会在二楼浪花岛隆重举办,本次流行乐专场是以"参与、实践、锻炼"为宗旨,为孩子们提供一个相互交流、展示才艺、锻炼提高的平台。学员们演奏了一首首欢快、热烈、深情的曲目,给广大家长和学员们带来了一场别样的听觉盛宴。现场多才多艺的小朋友们献上吉他与架子鼓、古筝、琵琶,大提琴等器乐的合奏表演,主要演奏曲目有《幸福的花》《我还有点小糊涂》《琵琶玉》《天空之城》《都选C》《童年》《平凡之路》等节目,孩子们的精彩演奏获得了台下经久不息的掌声。

吉他合奏《我还有点小糊涂》

7月15日上午,艺术节打击乐专场音乐会在青少年宫浪花岛隆重举行。架子鼓齐奏《七剑战歌》《Access Denied》,高昂酣畅的鼓声引起了在场师生的共鸣,瞬间点燃了现场观众的热情;小乐手们表演的马林巴重奏《Summer》,将琴声的叮咚清脆展现得淋漓尽致;民族鼓重奏《龙腾虎跃》更是展现了民族打击乐的独特魅力;塑料桶重奏《破铜烂铁》,则巧妙地将打击乐生活化,其表演形式及音色都给人耳目一新之感;之后的非洲鼓合奏《Moribayassa》、架子鼓齐奏《Sho-Nuff》《I Just Wanna Run》更是将音乐会气氛推向高潮,赢得观众满堂喝彩。

7月15日下午,钢琴专场音乐会在青少年宫浪花岛举行。经过层层选拔,来自市区二十多家培训机构的十位选手为我们带来了一场钢琴盛宴。音乐会以铿锵有力的《肖邦军队波兰舞曲》开始,随后是欢快活泼的《肖邦小狗圆舞曲》等。每位选手的精彩演奏让听众们在音乐的海洋中尽情遨游,在钢琴的世界里,他们用行云流水的演奏带给我们纯净的、高雅的音乐享受。

架子鼓齐奏《七剑战歌》

民族鼓重奏《龙腾虎跃》

非洲鼓合奏《Moribayassa》

7月21日下午,民乐专场音乐会在青少年宫浪花岛举行。经市区各培训机构的报名选送,经组委会层层选拔,为音乐会精选了十三首曲目,青少年演员用二胡、竹笛、琵琶、古筝等传统民族乐器的组合,分别以独奏、重奏、齐奏、合奏等艺术形式为大家展示了精彩纷呈的演出。

难忘的闭幕式

7月28日晚,由共青团烟台市委主办、烟台市青少年宫承办的烟台市第七届青少年音乐艺术节闭幕式音乐会在青少年宫乐海剧院成功举办,整场演出精彩纷呈,高潮迭起,展现了现阶段烟台市青少年音乐艺术水平的新高峰。

拉开演出序幕的是烟台市青少年宫少年交响管乐团为大家带来的《龙山》和《狮子王组曲》。管乐团宏伟的气势和激昂的旋律,给人带来视觉和听觉的震撼。烟台大学音乐舞蹈学院民乐教研室主任齐瑶带来中阮独奏《云南回忆》第三乐章《机械的快板》,她扎实的台风,热情激烈的演奏,赢得了热烈的掌声。

烟台市优秀小演奏家刘元晨的单簧管独奏《查尔达什舞曲》感情充沛,音色纯净,小小年纪就表现出了过人的音乐天赋;同样是优秀小演奏家王一淳的钢琴独奏《春之声》,行云流水的演奏赢得了在场观众的一致赞叹;烟台市青少年宫打击乐主管袁琪老师的马林巴独奏《马林巴第一协奏曲第一乐章》《野蜂飞舞》,精湛的演奏和热烈的气氛,一度掀起了演出的高潮;来自"弦之乐"少年大提琴乐团的大提琴合奏《菊次郎的夏天》,唯美的演奏仿佛为炎炎夏日送去阵阵清爽的凉意。音乐会下半场的演出由烟台市青少年宫少年管弦乐团呈现,演出内容有管弦乐合奏,乐团与独奏演员的合奏等。管弦乐合奏《多瑙河之波》《埃及进行曲》《拿波里舞曲》,优雅而热情地演奏,展现了乐团小乐手们昂扬的精神面貌,乐团首席张宝仪的小提琴独奏《梁祝》,经典的旋律柔美梦幻,引人入胜。

王一淳钢琴独奏《春之声》

青年演奏家贺伟利的竹笛独奏《红高粱叙事曲》由引子、散板、快板和派生主题四个部分组成，演奏充分诠释了那诉不完的爱恨情仇，道不尽的酸甜苦辣，赢得了观众雷鸣般的掌声。演出最后，交响管乐团与管弦乐团合奏的《海盗进行曲》，以欢快激昂的旋律将整场演出欢乐的气氛点燃。演出结束后，观众激动的心情久久无法平复，掌声不断，喝彩不断。

音乐艺术节闭幕合影

花絮故事

小小乐团 潜力巨大

烟台市青少年宫为打造青少年艺术交流发展的平台,多年来经过不懈努力,创立了烟台市青少年宫少年管弦乐团和烟台市青少年宫少年交响管乐团。这两支乐团分别成立于2005和2015年,由一百多名曾在全国和省市获奖的优秀小乐手组成,具有较高的专业水准和演出能力,是烟台市青少年宫传播与弘扬高雅艺术的骨干力量和社团建设中的典范,也是烟台市少儿音乐艺术舞台上的领军社团和闪亮品牌。

这段时间,小乐手们在老师的带领下刻苦练习,积极准备,彰显出一种朝气蓬勃、奋发进取、百折不挠的精神风貌。孩子们用激情、用活力、用汗水、用实力在艺术节这个大舞台中,挥洒风采,尽显才艺,实现梦想,绽放精彩!

少年管乐团表演结束

∴ 活动后记

青少年音乐艺术节是市青少年宫在 2011 年成功举办首届青少年音乐艺术节的基础上，再次组织音乐会、学术交流和国内外知名专家教授参与的音乐大师系列讲座活动等一体的综合性音乐艺术公益活动，同时也是繁荣烟台音乐文化活动，激发广大青少年对音乐的热情、提高文化艺术修养的一次盛会。烟台市第七届青少年音乐艺术节，先后举办了电子键盘专场、钢琴专场、打击乐专场、流行乐专场、管乐专场、民乐专场、弦乐专场以及本次闭幕式音乐会综合场八场精彩绝伦的音乐会，场场爆满、反响热烈。本届艺术节有一百二十多家培训机构报名参加，经过重重选拔，最终有 82 家参选单位 96 个精彩节目参加了艺术节的展演活动。

本次音乐艺术节为广大青少年音乐爱好者和音乐艺术教育工作者提供了一个展示魅力、交流技艺的平台，挖掘了人才锻炼了队伍，推进了烟台市青少年音乐艺术的普及与发展。

活动案例五

"遇见未来的自己"
——校外少先队一日职业体验系列活动

∴ 活动背景

2022年教育部发布的最新《义务教育劳动课程标准》（2022年版）指出，要将多种劳动技能带进课堂，让孩子们体验各种不同的职业，体验劳动带来的乐趣，培养正确的劳动价值观和优秀的劳动品质。

为了发扬勤劳笃行、吃苦耐劳的精神，教育引导广大少年儿童形成良好的劳动习惯和积极的劳动态度，作为校外少先队活动阵地，我们充分发挥实践优势，通过与银行、医院、企业等多方合作，为广大少年儿童搭建起多样化职业体验平台，带领他们感受不同职业的魅力，体验劳动的艰辛与快乐。

∴ 方案展示

⊆ 活动主题
遇见未来的自己

◐ 活动时间

5月（劳动主题月）的每个周末

◐ 活动地点

烟台市青少年宫青少年健康成长指导中心

◐ 活动单位

1. 主办单位：烟台市青少年宫

2. 协办单位：烟台市交警一大队、××眼科医院、××银行烟台分行等

◐ 活动对象

全市6—12岁少年儿童

◐ 活动安排

（一）"一日交警"体验活动

1. 活动时间：5月14日8：30—11：30。

2. 活动地点：烟台市青少年宫青少年健康成长指导中心交通安全教育馆、烟台市交警一大队。

3. 招聘需求：6—12岁少年儿童15名。

4. 活动内容：学习交通安全知识，体验一线交警工作，开展交通安全知识街头宣讲活动。

（二）"小小眼科医生"体验日

1. 活动时间：5月15日8：30—11：30。

2. 活动地点：烟台市青少年宫青少年健康成长指导中心生命教育馆。

3. 招聘需求：6—12岁少年儿童10名。

4. 活动内容：学习爱眼、护眼相关知识，学习验光仪的使用方法并进行模拟验光。

（三）"我是木工小能手"体验活动

1. 活动时间：5月22日8：30—11：30。

2. 活动地点：烟台市青少年宫青少年健康成长指导中心。

3. 招聘需求：6—12岁少年儿童15名。

4.活动内容：了解传统木艺的发展历史、工艺流程以及相关工具的使用方法，在专业老师的指导下制作木艺板凳。

（四）"小小银行家"体验活动

1.活动时间：5月28日8：30—11：30。

2.活动地点：××银行烟台分行。

3.招聘需求：6—12岁少年儿童12名。

4.活动内容：认识了解银行自助柜台的功能及使用方法，学习金融理财知识以及银行工作者日常举止礼仪、点钞技艺等。

（五）"粽叶飘香"传统美食家体验活动

1.活动时间：5月29日8：30—11：30。

2.活动地点：烟台市青少年宫青少年健康成长指导中心。

3.招聘需求：6—12岁少年儿童10名。

4.活动内容：在端午节到来之际，学习传统美食粽子的制作方法，近距离感受传统文化的魅力。

◉ 报名方式

每期活动当周通过微信公众号平台发布活动通知，扫描二维码进行接龙报名。

∴ 台前幕后

◉ 活动回放

今天我做"小交警"

"一日交警"体验活动当天，前来体验的小朋友及家长们首先来到了青少年健康成长指导中心的交通安全教育馆。

"小交警""上岗"前培训

交警一大队孙警官运用浅显易懂的语言给孩子们介绍了场馆体验内容，以及外出过马路和乘车时须注意的交通安全事项，并告诉孩子们回家后要将自己学到的知识向家人和身边的驾驶员宣传，让身边的人都能自觉遵守交通规则，安全出行。此外，孩子们还学习了交通指挥手势操、红绿灯、交通标志线等有关道路交通安全的知识，并参与了道路交通安全知识抢答、汽车安全带模拟驾驶体验等项目。

"小交警"出发前合影

随后，"小交警们"正式来到交警一大队执勤的白石路路口，现场观摩、体验交警工作。他们有的穿上荧光服，有的手持指挥旗，有模有样地站在十字路口，指挥交通。有的拿上交通规则宣传单页，跟随交警一起，给驾驶员发放交通安全知识传单。

"小交警们"认真工作

"小交警"宣传交通安全知识

体验活动结束后,孩子们不仅收获了交通安全知识,也充分感受到了交警这一职业的辛苦和不易。"以后,我会经常提醒爸爸妈妈开车时遵守交通规则,注意安全。""如果每个人都能自觉遵守交通秩序,牢记交通安全常识,交警叔叔们的工作也不用那么辛苦啦!"活动后,每位"小交警"都有自己的收获和成长。

"护眼小卫士"养成记

近年来,各种不良的用眼习惯正在透支着少年儿童的视力健康。此次前来体验的小眼科医生中就不乏受近视等视力问题困扰的孩子。

各位小眼科医生上岗前,来自烟台××眼科医院的陶医生先给大家简单讲解了近视的主要原因、危害以及正确的用眼习惯、爱眼护眼小知识等。大家伙听得全神贯注,记得仔细认真,生怕一会儿"上岗"的时候掉链子。

陶医生为"小医生们"讲解相关知识

随后,同学们来到生命教育馆穿上白大褂正式开始"坐诊"。面对陌生复杂的专业设备,大家既紧张又兴奋,依次排队体验检测者和被检测者,每个人都小心翼翼地操作仪器、观察画面并作出诊断。瞧那严肃的神情,是不是在为平时不良的用眼习惯而感到惴惴不安呢?

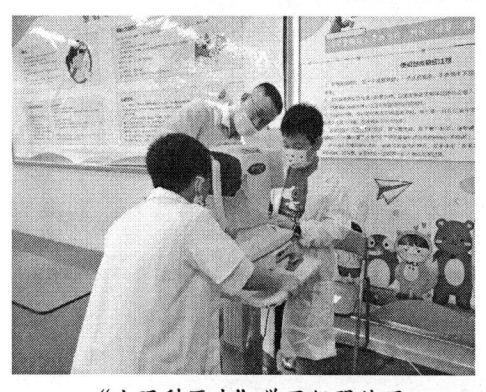

"小眼科医生"学习仪器使用

在检查过程中,"小眼科医生们"透过仪器观察到了不同健康状况的眼睛呈现出的不同状态,"大家看,这位小朋友的双眼视力差别较大,平时应该是喜欢侧躺在床上看书。""这位同学的视力已经有下降趋势,目前还是假性近视可以恢复。"陶医生在一旁帮助大家分析着。此次体验,大家都学到了不少爱眼护眼知识,也充分意识到了保护眼睛的重要性,称得上是"护眼小卫士"了。

我是"木工小能手" 匠心传承育未来

木艺是一门很古老的艺术,有几千年的历史,它一直存在于我们的日常生活中,传承在历史文化里,是我们生活中不可或缺的一部分。相较于其他劳动实践,木艺可以更加锻炼少年儿童的专注能力、动手能力与创新能力。

此次木艺师职业体验中,老师先向同学们由点及面地讲解了传统木艺的发展历史、工艺流程演变与相关工具的使用方法,让孩子们大开眼界。随后,老师又指导大家对部分工具进行了现场体验,为接下来的制作打好基础。

孩子们认识木艺工具

正式的制作环节,在老师的指导下,大家两两一组进行配合,一人扶一人锯,一人钻一人拧,互相之间颇有默契。锯子、钻头、小锤子在巧手之上流转,叮叮当当之间,一个个小板凳便出现在了各位木艺师的手中。

孩子们制作板凳

孩子们展示自己的板凳作品

小小的板凳是汗水与智慧的结晶，是坚持与努力的成果。孩子们脸上洋溢着灿烂的笑容，一颗名为"匠心"的种子正在其中萌发。

我是"小小银行家"

银行神秘的玻璃墙后到底是什么样的？银行工作人员日常都在忙些什么？怀着对银行工作的好奇，体验一日银行家的同学们来到了××银行烟台分行。

进入银行大厅，看起来庞大而复杂的自助柜台机陈设在大厅一侧。工作人员依次向大家介绍了每个区域的功能、每台电子设备的作用以及各个岗位人员的工作职责。

孩子们认识设备功能

来到业务柜台，在工作人员的配合下大家现场体验了取钱、存钱等业务办理流程。

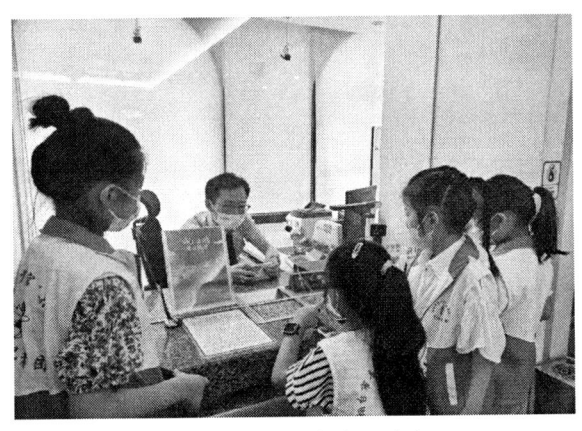

孩子们体验业务办理流程

说起银行工作者的工作日常，同学们不约而同地对点钞技艺充满了好奇。工作人员特地准备了"练功钞"，带大家体验了一把"数钱"的快感！

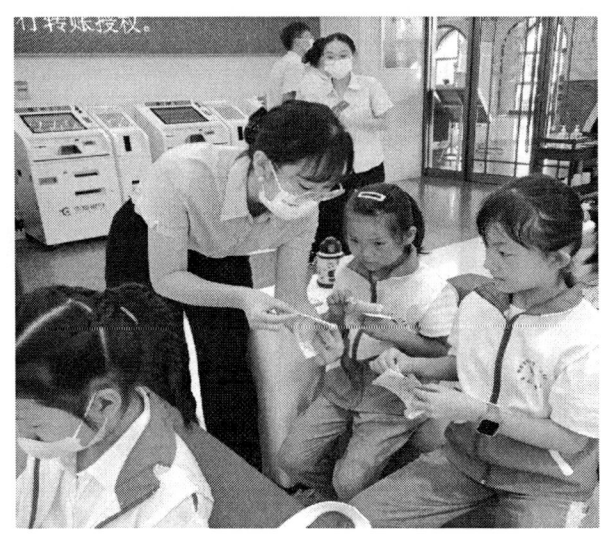

孩子们学习点钞技艺

当天的体验活动还远不止这些，大家还学习了银行工作礼仪、金融理财知识等，在进行职业体验的同时，也对金融领域有了初步的认识。孩子们热情高涨地参与着各项工作，受益匪浅。

粽叶飘香 浓情端午

端午节是我国的传统节日之一，凝结着中华民族优秀的传统文化。此次"传统美食家"体验活动正值端午节前夕，于是大家一起学习体验了端午节民俗——包粽子。

活动场地桌上整齐地摆放着提前泡好的糯米、红枣、粽叶等食材，翠绿的粽叶，绛红的大枣，雪白的糯米，好看得让人忍不住想立刻一展身手。

第五章
梦想起航：向着胜利勇敢前进，我们是共产主义接班人

孩子们一起包粽子

"把两片粽叶重叠，弯折成一个漏斗的形状，底部先放一些糯米，中间放一颗蜜枣，再放些糯米填满，用手捏紧，再将上面的粽叶向下压住开口处。"在面点师傅的耐心指导下，孩子们折粽叶、填糯米、放红枣……现场充满着浓浓的节日气氛。

孩子们展示自己包的粽子

"粽子包起来可真不容易！美食品尝起来美味，但制作起来可真难。平时爸爸妈妈为我们准备美食也一定很辛苦。""我等不及想让爸爸妈妈尝我的手艺了！""明年端午节我要帮妈妈一起包粽子，我觉得我可以胜任这项

工作了。"孩子们兴高采烈地分享着他们的收获与感悟,颇具小美食家的风采。

∴ 活动后记

每年的 5 月,市少年宫的劳动主题教育以及职业体验活动都会受到广大少年儿童及家长的热烈欢迎。在各种不同的职业体验中,孩子们知道了劳动者的艰辛,了解了相关职业内涵,体悟了职业责任,更好地发现自己、启迪未来!

生活即学校、社会即学校,市少年宫充分发挥实践优势,网罗、挖掘丰富的社会资源,将其转变成生动的教育活动,引领少先队员在校园之外、在书本之外,获得最直接的生活体验,理解不同职业工作者的艰辛与不易,更加懂得珍惜他人的劳动成果。少先队员们在职业体验中也进一步增强了社会责任感和使命感,在未来的学习和工作中,也将通过自己的努力贡献自己的力量。

参考文献

[1] 中国少年先锋队全国工作委员会. 少先队活动课程指导纲要（2021年版）[M].1版. 北京：中国少年儿童新闻出版总社，2022.

[2] 史长根. 社区青少年教育初探[J]. 中国农村教育，2016（09）：29-32.

[3] 忻平，万金城. 伟大建党精神的价值逻辑及其育人功能实现的关键点位[J]. 思想理论教育，2022（09）：41-47.

[4] 刘晋，王丽. 让红色基因代代相传[N]. 烟台日报，2020-12-29（12）.

[5] 刘永顺，邢婷. "希望小屋"点亮爱心烟台[N]. 中国青年报，2021-09-01.

[6] 张洁，张艺达. "公益"领航健康成长[N]. 烟台日报，2021-05-27（05）.

[7] 钟嘉琳，周君. 鲁鄂少年"云端牵手"庆六一[N]. 烟台日报，2020-06-02（05）.

[8] 孟子：卷一：离娄上[M].1版.[M]北京：中华书局，2006.

[9] 钟嘉琳，周君. "青少年科技文化节"点燃科技梦[N]. 烟台日报.2020-08-08（02）.